Eva Reuys / Hanne Viehoff

Jetzt kommen wir!

Spiele und Ideen für die 1- bis 3-Jährigen

Das bin ich

DON BOSCO

Gerne nehmen wir Ihre Anregungen, Wünsche, Kritik oder Fragen entgegen:
Don Bosco Medien GmbH, Sieboldstraße 11, 81669 München
Servicetelefon: (0 89) 4 80 08-341

Bibliografische Information Der Deutschen Nationalbibliothek

Die Deutsche Nationalbibliothek verzeichnet diese Publikation in der Deutschen Nationalbibliografie; detaillierte bibliografische Daten sind im Internet über http://dnb.d-nb.de abrufbar.

4. Auflage 2010 / ISBN 978-3-7698-1570-2

Umschlag: ReclameBüro, München
Umschlagfoto: P. Grzegorz Gugala SDB
Quellen: S. 36: Ich hab ein feines Glöckchen, Text: Volksgut, Melodie: Freya Jaffke, Aus: Spiel mit uns! © 1990 Verlag freies Geistesleben + Urachhaus.
S. 40: Klaus W. Hoffmann: Kannst du mit den Augen zwinkern, © Aktive Musik Verlagsgesellschaft, Dortmund.
S. 56: Fahre Schifflein hin und her, aus Irene Flemming, Spiele mit den Kleinsten. Verlag gruppenpädagogischer Literatur, Wehrheim 1988.
S. 76: Kräht der Hahn früh am Tage, Text: Paula Dehmel, Melodie: Karl Marx, © Bärenreiter-Verlag, Kassel.
Illustrationen: Antje Bohnstedt, Waldbronn
Notensatz: Nikolaus Veeser, Schallstadt
Lithos: Camscan, Stiefenhofen
Satz: undercover, Langweid/Foret
Druck: Don Bosco Druck & Design, Ensdorf

Gedruckt auf umweltfreundlichem Papier

Inhalt

Ein Wort zuvor

Kinder brauchen Erwachsene, die sie auf ihrem Weg ins Leben begleiten. Mit Liebe und Zuwendung schaffen die Großen eine Atmosphäre, in der sich die Kleinen geborgen und sicher fühlen. Voller Vertrauen kann sich das Kind auf die stützende und Halt gebende Hand verlassen, wenn es diese braucht, um die vielen kleinen Schritte ins eigene Leben zu wagen. Es kann sie aber auch loslassen, wenn es mutig genug ist, einen Schritt ganz alleine zu tun.

Es vergeht wohl kaum ein Tag im Leben eines kleinen Kindes, an dem es zur Überraschung seiner Umwelt nicht schon wieder etwas Neues gelernt hat und dies stolz mitteilen will.

Vor allem das zweite Lebensjahr ist eine Zeit, in der das Kind seinen Körper immer besser beherrscht. Wo immer sich Kindern die Gelegenheit bietet, sind sie in Bewegung. Sie robben, krabbeln, springen, balancieren, kriechen, rutschen und klettern. Da sind Schachteln, Matratzen, Bretter und Kisten genau das Richtige, um daraus eine Bewegungslandschaft aufzubauen.

Auch die Hände werden zunehmend geschickter und verlangen nach Betätigung. Auffädel- und Steckspiele, Schöpfen, Schütten und Sortieren macht kleinen Kindern Freude und sie sind mit Ausdauer und Konzentration bei der Sache.

Bei all der vielen Bewegung und Aktivität braucht das Kind immer wieder Phasen der Ruhe und Entspannung. Gemeinsames Spielen und Kuscheln macht Kindern und Erwachsenen gleichermaßen Freude und festigt zudem die Bindung zueinander. Bei sanften Massagen, Strampelspielen, Kniereitern und Fingerspielen genießt das Kind den intensiven Blickkontakt und die körperliche Nähe zum Erwachsenen und empfindet Wohlbehagen dabei.

Kinder diesen Alters sind ständig auf Entdeckungsreise und erforschen ihre Umwelt. Interessant ist vor allem der eigene Körper. Viele unserer

Spiele, Geschichten und kreativen Gestaltungsideen greifen dieses Thema auf und so kann das Kind bald voller Stolz auf Augen, Nase, Mund, Finger, Füße zeigen oder diese sogar benennen. In einigen Spielen und Spielliedern wird es bei seinem Namen genannt und genießt so für kurze Zeit die besondere Aufmerksamkeit, die es von den anderen erhält.
Einmal im Mittelpunkt zu sein, von allen beachtet zu werden, genießt jedes Kind in vollen Zügen. So gehört wohl zu den bedeutendsten Ereignissen im Kinderjahr der eigene Geburtstag, der im Kreis der Familie und mit Spielkameraden gefeiert wird. Dabei darf natürlich ein festlich geschmückter Thron, ein Geburtstagslied, leckeres Essen und als Höhepunkt ein Kasperltheater nicht fehlen.

Wir wünschen Ihnen und den Kindern viel Spaß beim Ausprobieren unserer Ideen. Lassen Sie sich von unserem Buch anregen für eigene kreative Ideen, die unsere Angebote weiter entwickeln und ergänzen mögen.

Eva Reuys und Hanne Viehoff

Wie Sie mit diesem Buch arbeiten können

Unser Buch wendet sich an Eltern, an Leiterinnen von Eltern-Kind-Gruppen, Krabbelgruppen und Spielkreise, die sich regelmäßig einmal wöchentlich mit Kindern und Eltern treffen, sowie an Erzieher/-innen in Kinderkrippen und Kindergärten. Wir geben Ihnen vielerlei Anregungen und Tipps, wie Sie Kinder auf ihrem Weg zu einer eigenständigen Persönlichkeit begleiten und unterstützen können.
Kinder signalisieren uns meist, was sie gerade brauchen: Bewegung und Tobespiele oder Ruhe und Entspannung, Nähe oder Alleinsein. Mit offenen Augen für ihre Bedürfnisse dürfte es nicht schwer fallen, das richtige Spiel zur richtigen Zeit auszuwählen und je nach Situation in den Kinderalltag einzubauen.
Wir zeigen Ihnen, wie Sie mit wenig Aufwand Spielzeug herstellen können. Das dafür benötigte Material ist im eigenen Haushalt, auf Baumärkten oder im einschlägigen Fachhandel zu finden.

Bekanntlich wollen Kinder einige Spiele immer wieder machen. Jeder kennt sie und sie bereiten Spaß. In einer Gruppe, in der gemeinsam gespielt und gesungen wird, werden sich mit der Zeit solche „Dauerbrenner" herauskristallisieren. Diese können nicht oft genug wiederholt werden und gehören zum unverzichtbaren Spielerepertoire.
Wir haben bewusst auf Angaben zu Alter und Entwicklungsstand verzichtet. Nicht alle Kinder im gleichen Alter sind auf derselben Entwicklungsstufe. Hinzu kommt, dass in Spielgruppen in der Regel Kinder unterschiedlichen Alters zusammen sind. Bei allen Gruppenaktivitäten können sowohl ältere Kinder als auch Erwachsene mitmachen. Einige Angebote eignen sich besser für ein oder zwei Kinder, andere machen gemeinsam mit anderen mehr Spaß. Viele Anregungen, die für Kleinkinder gedacht sind, gefallen auch älteren Kindern. Wer in Familie, Spielgruppe oder im Kindergarten täglich kleine Kinder erlebt, entwickelt ausreichend Gespür

dafür, wie viel Selbstständigkeit beim Kind zugelassen werden kann und wann Hilfe und Unterstützung unerlässlich ist.
Unser Buch ist voll von kreativen, leicht umsetzbaren Ideen und ermöglicht Ihnen ein gezieltes Suchen nach thematischen Anregungen. Alle Spiele, Lieder und Aktionen sind vielseitig einsetzbar im täglichen Zusammensein mit dem Kind oder der Gruppe, bei kleinen themenorientierten Projekten oder bei einem von Ihnen geplanten Fest.

Das bin ich – Erste Schritte in die Selbstständigkeit

Von Beginn an muss sich das Kind aufmachen, seinen eigenen Weg zu finden. Anfangs ist es noch ganz auf die Zuwendung und Fürsorge der umgebenden Erwachsenen angewiesen. Diese leben modellhaft vor, was zum Aufbau eines gesunden Selbstwertgefühls unverzichtbar ist: So wie du bist, bist du in Ordnung; wir freuen uns, dass du da bist. In einer Atmosphäre von Geborgenheit und Verlässlichkeit kann das Neugeborene Urvertrauen entwickeln – der wichtigste Grundstein für Selbstvertrauen und Selbstachtung. Bis gegen Ende des ersten Lebensjahres hat das Kind eine enge Beziehung zu seinen Eltern aufgebaut. In dieser Beziehung zum Anderen entdeckt es sich selbst und nimmt in seinem Gegenüber die eigene Person wie in einem Spiegel wahr. Auch wenn diese Prozesse zunächst noch auf einer vorbewussten Ebene ablaufen, so sind sie dennoch von größter Bedeutung. Ein Leben lang prägen sie den Einzelnen in seinem Bemühen, sein Ich zu erforschen und sich von anderen zu unterscheiden, aber auch darin, Bindungen zu anderen Menschen einzugehen und in diesen Beziehungen die eigene Identität zu entwickeln.
In den ersten zwei Lebensjahren erlebt sich das Kind selbst als Mittelpunkt, ganz darauf bezogen, dass andere für sein Wohlergehen da sind. Von sich selbst spricht es, indem es seinen Namen nennt und auf sich zeigt.

Am Ende des zweiten Lebensjahres entdeckt das Kind sein Ich und damit die Bedeutung von Mein und Dein. Es identifiziert sich mit seinem Besitz und ist daher nicht bereit, sein Spielzeug mit anderen zu teilen. Da hilft eine klare Regel, wie beispielsweise: „Jetzt darfst du mit dem Bobbycar drei Runden fahren und danach ist Maxi dran". Selbstverständlich sollte darauf geachtet werden, dass sich die Kinder an diese Abmachung auch halten.
Nach und nach beginnt sich das Kind aus der engen Bindung an die Eltern zu lösen und macht seine ersten Schritte in Richtung Selbstständigkeit. Es entdeckt seinen eigenen Willen und will vieles ausprobieren. In dieser Entwicklungsphase ist es wichtig, das Kind darin zu unterstützen und ihm den notwendigen Freiraum zuzugestehen. Nur so kann es neuerworbene Fähigkeiten trainieren. Freuen sich die Eltern bei jedem noch so kleinen Fortschritt des Kindes, bestärken sie es in seinem Tun. Übertriebene Ängstlichkeit und mangelndes Zutrauen in die Fähigkeiten des Kindes würden es auf seinem Weg zu einer eigenständigen Persönlichkeit hemmen.
Doch nicht in jedem Fall können Eltern dem Willen des Kindes nachgeben. Dies gilt besonders in gefahrvollen Situationen. Wutanfälle, Tritte und Schläge sind möglicherweise die Reaktion auf ein klares Nein. Erlebt das Kind häufig, dass sich diese Hartnäckigkeit lohnt, entwickelt es sich mehr und mehr zu einem kleinen Tyrannen. Ignorieren Eltern jedoch das trotzige Verhalten, werden dem Kind keinerlei Grenzen aufgezeigt. Wo diese fehlen, herrscht Unsicherheit auf beiden Seiten. Kinder brauchen Regeln, an denen sie sich orientieren können. Bereits kleine Kinder verstehen ein deutliches „Nein", ein „Ich mag das nicht" oder „Das tut mir weh".
Da sich das Kind nun nicht mehr als Mittelpunkt der Welt sieht, beginnt es Mitgefühl zu zeigen. So blickt es sorgenvoll, wenn ein anderes Kind weint oder gibt der Mutter einen Kuss, wenn es spürt, dass sie traurig ist.

Die Erwachsenen können dem Kind helfen, die Welt der Gefühle zu entdecken, wenn sie die Emotionen beschreiben, welche das Kind durch seine Mimik ausdrückt. Sätze wie „Du siehst aber traurig aus" oder „Du strahlst heute so, dir geht es wohl richtig gut" nehmen das Kind mit seinen Gefühlen ernst. Gut gemeint aber oft wenig hilfreich sind dagegen Bemerkungen wie „Sei nicht traurig" oder „Du brauchst keine Angst zu haben".

Sensibilität für die Gefühle anderer können Kinder nur entwickeln, wenn Beobachtungen kommentiert werden, egal ob es der schimpfende Nachbar ist („Ist der aber wütend") oder der mit dem Schwanz wedelnde Hund („Der freut sich aber"). Gemeinsam mit ihren Eltern können Kinder üben, über eigene Gefühle zu sprechen und die anderer wahrzunehmen. Ein gutes Einfühlungsvermögen ist die Voraussetzung für Liebe und Achtung voreinander.

Die wachsende Selbstständigkeit des Kindes zeigt sich auch darin, dass es von sich selbst in der „Ich-Form" spricht. „Alleine!" ist nun ein oft gehörtes Wort. Das Kind will sich nicht mehr füttern lassen, sondern den Löffel alleine zum Mund führen. Es will sich nicht mehr anziehen lassen, sondern die Strümpfe selbst anziehen. Sobald das Kind laufen kann und seine Hände geschickter werden, möchte es noch mehr selbst tun: Treppen steigen, Wasserhähne auf- und zudrehen, den Schalter betätigen, den Tisch decken und all das, was es sonst noch bei den Erwachsenen beobachtet. Dabei führt die natürliche Neugierde und Entdeckerlust dazu, dass die gleiche Tätigkeit so lange wiederholt wird, bis das Prinzip verstanden ist.

Das Kind auf dem Weg in die Selbstständigkeit zu begleiten, fällt nicht immer leicht. Häufig reagieren wir mit Kommentaren wie „Dazu bist du noch zu klein", „Das ist zu gefährlich", „Lass mich das machen, wir haben

es eilig!". Unsere eigene Ängstlichkeit, Ungeduld und manchmal übertriebene Sorge um die Sicherheit des Kindes führen dazu, dass wir ihm Dinge, die es alleine machen könnte, aus der Hand nehmen. Nehmen wir ihm zuviel ab, erziehen wir es zur Bequemlichkeit und untergraben sein Selbstvertrauen. Es kann neuerworbene Fähigkeiten nicht trainieren, wird zunehmend unsicher und traut sich nicht, Neues zu wagen. Muten wir ihm zuviel zu, überfordern wir es. Ein gesundes Kind bedarf keiner Aufforderung, eher einer Duldung seiner noch ungeschickten Bemühungen.
In diesem Entwicklungsabschnitt ist Fingerspitzen- und Einfühlungsvermögen gefordert. Immer wieder bedeutet das, loszulassen, dem Kind eigene Erfahrungen in einem geschützten Rahmen zu ermöglichen und kleinste Schritte in die Selbstständigkeit zu unterstützen. Dazu braucht das Kind eine Umgebung, in der es sich selbst zurechtfinden kann und Material, mit dem es selbsttätig umgehen und experimentieren kann, so lange und so oft es das will.

Heute wissen wir, dass ein Kind von Anfang an seine Entwicklung mitbestimmt und aktiv steuert. Es setzt sich mit seiner Umwelt auseinander, erkundet und erforscht, was sein Interesse weckt und holt sich das, was es gerade für seine Entwicklung braucht. Kinder zeigen uns immer wieder, dass sie ihr Leben selbstständig bewältigen wollen. Wir Erwachsene bereiten ihnen den Weg dazu.

Wollt ihr wissen, wer ich bin?

Im Zusammenleben mit kleinen Kindern gibt es vielerlei Situationen, in denen der Erwachsene das Kind anregen kann, sich selbst wahrzunehmen und kennen zu lernen.
Beim An- und Ausziehen können einmal die Hände, ein anderes Mal die Füße auf Entdeckungsreise gehen. Lieder, Reime oder Fingerspiele unterstützen ebenfalls das Kennenlernen des eigenen Körpers. Stolz kann das Kind auf Augen, Nase, Mund, Hände, Finger, Füße zeigen und diese Körperteile mit der Zeit auch benennen.
Beim Blick in den Spiegel wird es sich selbst entdecken und erforschen. Das beliebte „Kuckuck da“ wird begeistert mit der Mutter vor dem Spiegel gespielt und kann nicht oft genug wiederholt werden. Große Spiegel eignen sich auch hervorragend als Malfläche und eröffnen für das Kind ganz neue Ein- und Ausblicke. Zudem berücksichtigen sie das Bedürfnis kleiner Kinder nach Bewegung und der Lust am Matschen.
Und das sich täglich wiederholende Eincremen der Haut bedeutet nicht nur Pflege, sondern auch intensive Zuwendung und ein bewussteres Wahrnehmen des eigenen Körpers. In der Kindergruppe kann gegenseitiges Eincremen in entspannter Atmosphäre zum beliebten Ritual werden.

Mein Steckbrief

Ein Kindersteckbrief kann ein kleines Geschenk für viele Anlässe sein: zum Muttertag, für den Vater, die Großeltern, zu Weihnachten oder zu anderen Festen im Jahr. Wenn Ihr Kind älter geworden ist, kann der Steckbrief als kleine Erinnerung an die Spielgruppe der ersten Lebensjahre dienen.

Das brauchen Sie:
Altpapier oder Tonpapier in hellen Farben DIN A4, Reste von Kordeln, Bänder, Seidenpapier, Buntpapier, Tortenspitze; Wachsmalkreiden oder Buntstifte, Fingerfarben, Lippgloss in Döschen, 1 Kinderfoto, 1 Gedicht oder Lied passend zum Verwendungszweck; Schere, Kleber, Filzstifte zum Beschriften.

So wird's gemacht:
Drei Bögen Papier werden in der Mitte gefaltet.
Gefaltete Papierbögen ineinanderlegen, dass ein „Buch" entsteht mit Titel- und Rückseite, sowie acht Innenseiten, die jeweils auf der vorderen und der rückwärtigen Seite gestaltet werden können. Es entstehen zwölf Seiten.
Das gefaltete „Buch" lochen und durch die Löcher eine Kordel ziehen und außen verknoten.

So kann der Kindersteckbrief gestaltet werden:
Die Titelseite mit einem Kinderfoto bekleben, das z. B. auch mit Tortenspitze umrahmt werden kann.

Seite 2: bleibt leer

Seite 3: schön gestalteter Titel: „Das bin ich"

Seite 4: Auge aus Papier ausschneiden, Pupille blau, grau oder braun ausmalen und das Auge auf Seite 4 kleben.

Seite 5: eine Locke des Kindes auf die Seite kleben, mit einer Schleife aus Seidenpapier verzieren.

Seite 6: Handabdruck mit Fingerfarben

Seite 7: ein gemaltes Bild des Kindes

Seite 8: Mund des Kindes mit Lippgloss betupfen, Lippen mehrmals auf das Papier drücken.

Seite 9: Lied, Vers oder kleine Geschichte, auf den Anlass bezogen

Seite 10: Klatschbild aus Fingerfarben ausschneiden und auf die Seite kleben.

Seite 11 und 12: frei

Beziehen Sie Ihr Kind seinem Alter entsprechend in alle Tätigkeiten ein. So kann es beispielsweise beim Kleben helfen, beim Malen dagegen schon allein ein Bild gestalten und den Handabdruck wiederum mit Ihrer Hilfe auf das Papier bringen.

Ein Gruß von mir

Ein Gesicht auf dem Abdruck einer Kinderhand ergibt eine pfiffige Grußkarte zum Muttertag oder zu einem anderen Festtag.

Das brauchen Sie:
Eine helle und eine dunkle Fingerfarbe, eine weiße Briefkarte, zwei flache Teller, glänzendes Bonbonpapier oder Seidenpapierreste gleicher Größe, Kleber.

So wird's gemacht:
Auf beiden Tellern jeweils eine Fingerfarbe verteilen. Die Kinder tauchen die Handinnenfläche in die helle Farbe oder tragen die Farbe mit der anderen Hand auf. Die Hand auf der Briefkarte abdrucken und trocknen lassen.
Mit dem Zeigefinger in die dunklere Farbe tauchen und Augen, Nase und Mund auf den Händedruck malen und trocknen lassen. Das Bonbonpapier in der Mitte zusammendrücken und mit einem Tropfen Kleber versehen etwas unterhalb des Gesichts ankleben.

In der Kindergruppe kann auf diese Weise jeder sein Handgesicht auf einem großen Karton abdrucken. Ein Erwachsener schreibt eventuell die Namen dazu und ergänzt ein Foto des Kindes und sein Geburtsdatum. So entsteht ein Poster, auf dem jedes Kind sich selbst oder die anderen wiedererkennen kann.

Das bin ich – ein Wandbild

Jedes Kind ist eine kleine Persönlichkeit und unterscheidet sich in Wesen, Größe, Körperbau und Aussehen von anderen. Ein lebensgroßes Abbild aus Papier, das von jedem Kind individuell ausgestaltet wird, lässt diese Unterschiede deutlich werden.

Das brauchen Sie:
Einen großen Bogen Packpapier oder eine Rolle Tapete, dunklen Farbstift, Wachsmalstifte, Papier- und Stoffreste, Wolle entsprechend der Haarfarbe des Kindes, Knöpfe, Klebstoff, Schere.

So wird's gemacht:
Das Kind legt sich auf das Papier. Mit einem Stift werden von einem Kind oder einem Erwachsenen die Umrisse des Körpers nachgezogen. Bevor das Kind mit dem Ausgestalten der Figur beginnt, betrachtet es im Spiegel aufmerksam seine Frisur, die Haar- und Augenfarbe, seine Bekleidung. Danach wählt es aus den bereitgestellten Materialien und gestaltet sein zweites „Ich“ ganz nach seinen Vorstellungen. Die Figur kann ausgeschnitten und an der Wand befestigt werden.
Im Laufe der Zeit könnte so zu Hause eine Familiengalerie oder in einer Kleinkindergruppe ein Wandbild mit allen Gruppenmitgliedern entstehen. Auch Kindersprüche in Sprechblasen, die nach und nach den „Papierkindern“ zugeordnet werden, sind lustig. Originell ist das Wandbild auch als Geburtstagskalender.

Fußspuren

Mit den Füßen taucht das Kind in die Farbe ein und spürt seine feuchte, kühle und klebrige Beschaffenheit. Es erfühlt den glitschigen Untergrund, und voller Faszination entdeckt es seinen eigenen Fußabdruck auf dem Papier.

Das brauchen Sie:
Lange Tapetenbahn, Fingerfarben, flache Schalen oder große Blumentopfuntersetzer. Eimer mit Wasser, Tücher zum Reinigen, eventuell Abdeckfolie als Bodenschutz.

So wird's gemacht:
Das Kind streicht seine Fußsohlen mit Farbe ein oder tritt in eine Schale mit der Farbe seiner Wahl und stapft dann über eine Tapetenbahn, die auf dem Boden ausgerollt wurde. Bevor es seine Füße in eine andere Farbe taucht, werden diese mit einem feuchten Tuch gereinigt. Viele farbige Fußspuren ergeben ein fröhliches Bild. Lustig sieht es aus, wenn dieses so im Raum aufgehängt wird, dass die Füße an der Decke entlang oder die Wand hinauf laufen.

Bewegungslied: Ich bin ich und du bist du

Text, Musik und Spielidee: Hanne Viehoff

Spielweise:
Sie zeigen mit dem Finger auf sich, dann auf Ihr Kind, fassen es an beiden Händen und tanzen rundherum oder frei durch den Raum. Ihr Kind wird Text, Melodie und Bewegung spielerisch erfassen und mitmachen.
In der Kindergruppe spielen und tanzen die Kinder auch gerne miteinander. Ältere Kinder finden sicher Variationsmöglichkeiten und eigene Bewegungsideen:
Komm wir wollen laufen, rennen, springen, hüpfen, stampfen, klettern, schleichen.
Komm wir wollen klatschen, patschen, schnalzen, streiten, schmusen.

Meine Hände Pitsch und Patsch: Eine Mitmachgeschichte

Die beiden Hände Pitsch und Patsch (beide Hände einige Male zusammenpatschen) gehen auf die Reise (auf dem Fußboden hin- und herpatschen, dann wie zufällig bei den Füßen ankommen und diese mit beiden Händen umfassen). „Guten Morgen, ihr FÜSSE, seid ihr auch schon wach? – Aber ja, wir sind schon lange munter, sind schon gelaufen und gekrabbelt."
Da wandern Pitsch und Patsch weiter (an den beiden Beinen sanft entlang patschen) bis zum KNIE (hier kurz verweilen, vielleicht in der Kniekehle etwas krabbeln und die Reaktion des Kindes abwarten) und noch etwas weiter bis zum BAUCH (sanfte, kreisende Bewegungen auf der Bauchdecke machen). „Hm hm hm", brummt der Bauch, „mir geht es gut heute morgen. Habe schon mein Frühstück und den Kakao bekommen, da bin ich satt und zufrieden."
So wandern Pitsch und Patsch weiter (den Brustkorb oder am Rücken entlang hinaufkrabbeln) und begegnen dem KINN (am Kinn kraulen). Aber das Kinn ist stumm, es sagt kein einziges Wort. Pitsch und Patsch

sind schon weiter gewandert. Wo sind sie jetzt? (leicht die Lippen berühren) Am MUND! Der kann aber viel reden und erzählen! Was kann der Mund noch alles?
Es dauert nicht lange, da sind Pitsch und Patsch schon bei der NASE angekommen. „Hallo Nase!", rufen sie, „da bist du ja!" (Nase mit Daumen und Zeigefinger leicht drücken) Die Nase antwortet: „Hatschi! Hatschi", denn etwas anderes kann sie leider heute nicht sagen.
Nicht weit davon entfernt, treffen Pitsch und Patsch auf die AUGEN (mit den Händen die Augen bedecken). Die haben heute schon so viel gesehen und sind immer noch munter! Na sowas! In nächster Nachbarschaft finden Pitsch und Patsch die OHREN (leicht an den Ohrläppchen zupfen). „Was habt ihr denn heute schon erlebt?", fragen die beiden Hände. „Wir haben heute schon viel gehört, wollt ihr wissen was?"
Aber Pitsch und Patsch sind schon längst weiter gezogen auf ihrer Reise. Ganz oben angekommen, treffen sie die HAARE (mit den Fingern durch die Haare streichen, Hände auf dem Kopf ruhen lassen). Und weil sie ja sooo müde sind, ruhen sie sich in den Haaren wie auf einer grünen Wiese aus.
Als sie wieder aufwachen, da fragen Pitsch und Patsch laut: „Haben wir auch alles entdeckt auf unserer Reise?" –„ Ja!" rufen alle zurück: die Füße, das Knie, der Bauch, das Kinn, der Mund, die Nase, die Augen, die Ohren, die Haare (Arme und Beine, den ganzen Körper kräftig ausschütteln).

Spielanregung:
Setzen Sie sich bequem auf den Fußboden mit gespreizten, leicht angewinkelten Beinen und halten Sie Ihr Kind in der gleichen Haltung vor sich. Fassen Sie die Hände des Kindes und führen Sie die Bewegungen (Bewegungsanregungen in Klammern) gemeinsam durch, während Sie den Text sprechen. Bei mehreren Wiederholungen können die Begriffe der einzel-

nen Körperteile auch ausgelassen werden. Die entsprechenden Worte werden dann vom Kind gesprochen.
In der Gruppe können die Kinder auch im Halbkreis vor dem Erwachsenen sitzen, der die Geschichte erzählt und die Bewegungen vormacht. Die Kinder werden dabei zum Mitmachen angeregt.

Wozu sind unsre Hände da?

überliefert

Die Hände sind zum Klatschen da, Klatschen da, Klatschen da.
Wozu ist unser Kopf denn da? Der Kopf, der ist zum Nicken da.
Wozu sind unsre Ohren da? Die Ohren sind zum Hören da.
Wozu ist unser Mund denn da? Der Mund, der ist zum Singen da.
Wozu sind unsre Füße da? Die Füße sind zum Tanzen da.

Variationen:
Wozu ist unser Hals denn da? Der Hals ist zum Waschen da.
Wozu sind unsre Zähne da? Die Zähne sind zum Putzen da. usw.

Die einzelnen Strophen können zusätzlich pantomimisch ausgeführt und mit Bewegung und Geräuschen begleitet werden.

Fingerspiel: Wo ist der Daumen?

Bevor der Text gesungen wird, verschwinden beide Daumen in der Faust.

Wo ist der Daumen,
wo ist der Daumen?
Hier ist er, hier ist er
Erst den einen, dann den anderen Daumen zeigen.
Guten Tag, Herr Daumen,
guten Tag, Herr Daumen.
Ein Daumen begrüßt jeweils den anderen Daumen, indem er sich vor ihm verbeugt.
Wieder weg, wieder weg.
Erst den einen, dann den anderen Daumen in der Faust verschwinden lassen.

Text: überliefert, Melodie: nach Bruder Jakob

Der Meterbär

Welches Kind ist nicht stolz darauf, wieder ein Stückchen gewachsen zu sein?
Ein an der Wand befestigter „Meterbär" lädt die Kinder ein, sich zu messen. Auf einer Sprechblase begrüßt er die Kinder:

„Hallo, ich bin der Meterbär!
Wer will, der kommt jetzt zu mir her.
Kommst du allein, kommt ihr zu zweit,
dann zeig ich euch, wie groß ihr seid!"

Die Erwachsenen helfen gerne beim Messen, indem sie rechts und links von der Messlatte kleine Namensschildchen anbringen. Diese wandern im Laufe der Zeit immer wieder einmal ein kleines Stückchen höher. Oder es kommt ein neues Namensschildchen dazu.

Das brauchen Sie:
Sperrholz, Laubsäge, Acryl-Mattfarbe, dicker und dünner Pinsel, Papier, Bleistift, Schmirgelpapier, Schere, Holzflachleiste von ca. 10 cm Breite, Permanentstift, Meterstab, Pappe, Namensschild, Elektrobohrer, Schraube, Dübel
Alternativ kann der Meterbär aus fester Pappe angefertigt werden.

So wird's gemacht:
Umriss des Bären auf Papier zeichnen, ausschneiden und als Schablone auf das Sperrholz legen. Umrisse nachzeichnen und aussägen. Die Ränder mit Schmirgelpapier glätten. Den Bären nach Belieben anmalen und Farbe gut trocknen lassen. Skala von 10 bis 150 cm mit dem Permanentstift auf die Flachleiste malen. Messlatte und Bären an der Wand befestigen. Aus Pappe Sprechblase ausschneiden, mit obigen Spruch versehen und beim Maul des Bären anbringen.

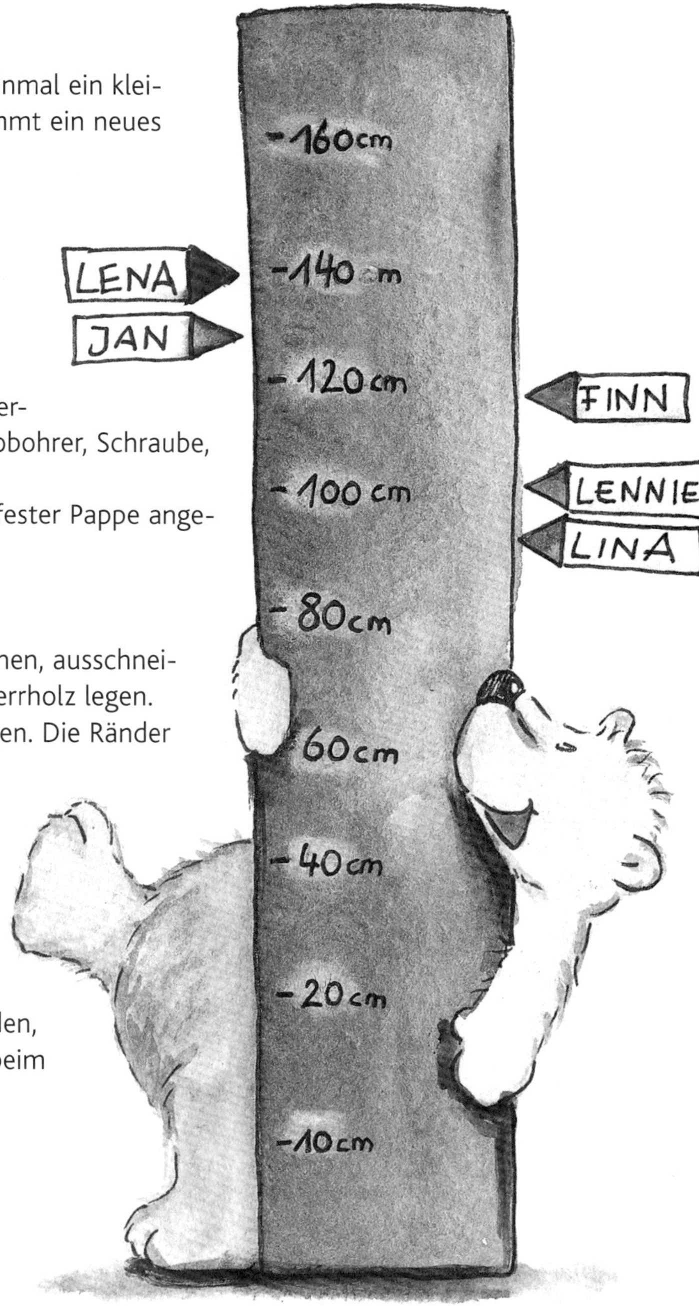

Ich habe zwei Augen

überliefert

Spiegelbilder

Wenige Dinge begeistern kleine Kinder mehr als Spiegel. Für das Baby ist der Spiegel selbst interessant. Es erforscht ihn mit all seinen Sinnen: Es betastet die Spiegelfläche, lutscht daran und klopft mit Gegenständen darauf. Zunehmend interessiert es sich für sein Spiegelbild oder das vertrauter Personen. Ein großer Wandspiegel in Kinderhöhe angebracht, ermöglicht es dem Kind, sich auch ohne Hilfe Erwachsener darin zu betrachten. Älteren Kindern, die sich gerne verkleiden und schminken, bereitet es großes Vergnügen, ihr verändertes Aussehen im Spiegel zu betrachten. Große Faszination üben auch im rechten Winkel montierte Wandspiegel oder Spiegelpyramiden aus. Sind kleine Streifen Spiegelfolie oder -fliesen in unterschiedlicher Höhe, wie über der Fußleiste oder in Augenhöhe angebracht, erblickt das Kind nur einen Ausschnitt seiner selbst, seinen Fuß oder einen Teil seines Gesichts.

Spiegel eincremen

Ein außergewöhnliches Erlebnis ist das Bemalen eines Spiegels mit Cremeresten. Liegt der Spiegel auf dem Boden, so lässt es sich darauf robben, krabbeln, rutschen, laufen und dabei wird das Kind sein Spiegelbild aus einem ganz neuen Blickwinkel kennen lernen. Ein Klecks Creme bringt das Spiegelbild zum Verschwinden.

Das brauchen Sie:
Einen großen, bruchsicheren Spiegel oder Spiegelfolie (Dekoladen), Cremereste in Tuben und Dosen, Papiertücher zum Händereinigen.

So wird's gemacht:
Die bereitliegenden Cremedosen und -tuben erwecken sicher die Neugierde des Kindes. Es wird herausfinden wollen, wie sich diese öffnen lassen, was darin ist, wie es die Creme aus der Dose oder Tube befördern kann und welche Beschaffenheit diese hat. Sind die Dosen und Tuben gründlich untersucht, trägt das Kind vielleicht erst zaghaft, dann immer mutiger Creme auf die Spiegelfläche auf. Es wird feststellen, dass sich diese mit den Händen großflächig verteilen lässt und mit den Fingern Linien, Wellen und Kreise gezogen werden können. Auch der Spiegel selbst fühlt sich anders an; er ist glitschig geworden und fordert geradezu dazu auf, über das „Glatteis" zu rutschen.

Spiegel bemalen

Malaktionen wie diese lassen sich am besten im Sommer im Garten oder in einem wohltemperierten Raum kurz vor dem Duschen oder Baden durchführen. Im ausgelassenen Spiel mit der Farbe wird meist nicht nur der Spiegel, sondern auch der Körper bemalt und somit die Lust am Matschen ausgelebt.

Das brauchen Sie:
Einen bruchsicheren Spiegel oder Spiegelfolie, eine Malerplane als Bodenschutz, Kleister mit Farbpigmentpulver (ungiftig!) vermischt oder Fingerfarbe, Schälchen für die Farbe, Eimer mit Wasser und Lappen zum Reinigen der Hände.

So wird's gemacht:
Meist hat das bereitgestellte Material genügend Aufforderungscharakter für das Kind, um mit dem Malen zu beginnen. Das eine oder andere Kind wird aber erst einmal skeptisch mit der Fingerspitze in die Farbe tunken und diese einer genaueren Betrachtung unterziehen. Mit Freude wird es bemerken, dass die Farbe die Finger, ja die gesamte Hand verschwinden lässt. Im Umgang mit Farbe verliert das Kind schnell seine anfängliche Scheu und beginnt, die Spiegelfläche zu bemalen.
Großen Spaß machen solche Aktionen vor allem gemeinsam mit anderen Kindern. Nicht selten malen Kinder mit solcher Hingabe, dass sie ihre Umwelt ganz vergessen. Schon manches still beobachtende Kind hat sich vom Tun der anderen anstecken lassen und anfängliche Hemmungen überwunden.

Spiel aus dem Cremetopf

Nach dem Waschen oder Baden gehört es zum täglichen Ritual Gesicht und Körper einzucremen. Kinder genießen die intensive Zuwendung und es bereitet ihnen Wohlbehagen mit den Erwachsenen zu scherzen, sauber zu sein, den Duft der Creme einzuatmen.

Das brauchen Sie:
Kindergesichtscreme oder Körperlotion für Kinder.

So wird's gemacht:
Malen Sie mit Creme oder Lotion Punkte, Kreise oder wellenförmige Linien auf Gesicht, Brust, Bauch und Rücken, die Sie anschließend sanft verteilen. Kinder finden es lustig, wenn Sie auf den Bauch ein Gesicht malen und dazu den bekannten Vers: „Punkt, Punkt, Komma, Strich, fertig ist das Mondgesicht" aufsagen.

Wir cremen uns gegenseitig ein

Der Umgang mit Creme ist für Kinder ein sinnliches Vergnügen. Zudem erfahren sie am eigenen Körper, wie wichtig es ist, behutsam miteinander umzugehen. Ein leicht abgedunkelter Raum und leise Musik sorgen für eine stimmungsvolle, entspannte Atmosphäre.

Das brauchen Sie:
Große Handtücher, Hautcreme, Meditationsmusik, Papiertücher.

So wird's gemacht:
Auf dem Boden liegen Handtücher, auf denen verschiedene Cremedosen und -tuben verteilt sind. Es wird nicht lange dauern, bis die Kinder von selbst beginnen, die Cremebehälter eingehender zu untersuchen. An den Tuben wird gedrückt und die Creme hinausbefördert; in die Creme wird der Finger gesteckt, um diese genauer zu begutachten. Schließlich beginnen die Kinder, sich selbst oder ein anderes Kind einzucremen. Einige wollen das Geschehen erst einmal beobachten, andere zögern noch und brauchen Ermutigung. Gemeinsam mit einem Erwachsenen kann hier in Absprache erst einmal nur der Fuß oder die Hand eingecremt werden. Mit der Zeit verlieren auch anfänglich zögernde Kinder ihre Zurückhaltung und lassen sich auf das Angebot ein.

Alle rufen mich beim Namen

Mit seinem Namen unterscheidet sich das Kind von anderen und das ein Leben lang. Eltern, Großeltern, Geschwister und Freunde benutzen gerne die Kurzform des Namens. So wird aus Eva eine „Evi“ oder aus Maximilian ein „Maxi“. Darin wie auch in Kosenamen spiegelt sich besondere Zuneigung und Zärtlichkeit.

Im Lauschen auf die vertrauten Stimmen und mit dem Wunsch, es ihnen nachzumachen, wird das Baby bald neben den ersten Worten wie „Mama“ oder „Papa“ auch die Laute seines Namens nachahmen. Schon im Alter von einem bis eineinhalb Jahren deutet das Kind dabei auch auf sich selbst. Nun kann es den Namen mit seiner Person in Verbindung bringen. Bald schon äußert es persönliche Wünsche, indem es seinen Namen nennt und dabei gleichzeitig auf einen Gegenstand weist, den es haben möchte. In der Spielgruppe zeigen Kleinkinder bereits ab eineinhalb Jahren durch verschiedene Gesten, dass sie auch fremde Kinder und deren Namen zuordnen können. In einigen Spielen und Spielliedern wird das Kind bei seinem Namen genannt. Dabei erfährt das Kind Beachtung und steht so für kurze Zeit im Mittelpunkt. Auch Spielgefährten werden dadurch bewusster wahrgenommen.

Krabbelspiel: Da kommt ein Bär

Da kommt ein Bär,
er tappt daher und fragt,
wo mein lieber „Hansi“ (Name des Kindes) wär?

Spielanregung:
Spazieren Sie mit ihren Fingern nach oben bis zum Hals Ihres Kindes und kraulen Sie es unter dem Kinn.

Krabbelspiel: Da kommt die Maus

Da kommt die Maus.
Da kommt die Maus.
Klingelingeling
Ist „Lisa“ (Name des Kindes) zu Haus?

Spielanregung:
Krabbeln Sie mit den Fingern am Arm des Kindes hinauf, zupfen Sie es am Ohrläppchen und klopfen dann behutsam an die Stirn.

Aufgepasst! Eine Mitmachgeschichte

Dieses Spiel wird die Kinder vor allem dann ansprechen, wenn sie sich und ihre spezielle Situation in der Geschichte wiederfinden. Die vorgegebene Geschichte dient als Beispiel und sollte von der Spielleiterin auf die Gegebenheiten vor Ort hin verändert werden:

„Heute ist ein warmer Sommertag. Vom blauen Himmel lacht die Sonne. Kleine Wolkenschäfchen ziehen gemächlich vorbei. In unserem Garten kann man schön spielen: Burgen bauen im Sandkasten, den Ball werfen, schaukeln, rutschen, klettern. Was spielt ihr denn noch im Garten? (Die Kinder werden angeregt, eigene Spielmöglichkeiten zu nennen!)

Im Sandkasten sitzt HANNAH und siebt den Sand-Puderzucker über die Kuchen, die PETER gerade gebacken hat. Zwei Kinder warten schon ungeduldig. Sie wollen Kuchen kaufen. Es sind (Name des Kindes) und (Name des Kindes)

Im Garten ist es heiß geworden. (Name der Spielleiterin) kommt mit dem großen Gartenschlauch und dreht den Wasserhahn auf. Aber, oh Schreck, der Schlauch springt aus der Hand, hüpft auf und nieder und windet sich wie eine Schlange auf dem Rasen. In alle Richtungen spritzt das Wasser. Die Kinder kreischen vor Vergnügen und werden tropfnass. (Name eines Kindes) hat es voll erwischt und (Name) konnte gerade noch wegspringen.
(Name) freut sich über die erfrischende Dusche und kann nicht genug davon bekommen.

Im Gebüsch sitzen (Name) und (Name). Sie haben einen Marienkäfer auf einem Blatt entdeckt. Wie schön er aussieht mit seinen roten Flügeln und den schwarzen Punkten darauf! Den wollen sie gerne haben. Aber kaum greifen sie danach, fliegt er davon.

Die Rutsche ist bei allen Kindern besonders beliebt. Da heißt es warten, bis man dran kommt. Unsere Großen (Name) und (Name) rutschen wie der Blitz, kaum sind sie oben, sind sie auch schon wieder unten. (Name) ist heute besonders mutig. Sie hat sich das erste Mal auf die Rutsche getraut.

Schnell ist die Zeit vergangen. Wir sind müde, hungrig und durstig. (Name der Spielleiterin) ruft alle Kinder herbei: (Namen der Kinder der Reihe nach rufen) und sie gehen gemeinsam in das Haus.

Spielanregung:
Die Kinder sitzen im Kreis. Der Spielleiter erzählt die Geschichte, in der die Namen der Gruppenmitglieder eingeflochten sind, die hier durch eine Klammer markiert sind. Jedes Mal, wenn ein Name genannt wird, klatscht das betreffende Kind in die Hände.

Variationen:
Wenn die Kinder mit dem Spiel vertraut sind, kann es mit anderen Bewegungen erweitert werden: Stampfen, sich drehen, hüpfen, in die Hocke gehen, auf den Stuhl steigen.
Anspruchsvoller gestaltet sich das Spiel, wenn ein- oder zweimal ein Name genannt wird, der in der Gruppe nicht vorkommt. Das ist das Signal für alle Kinder, eine bestimmte, zuvor ausgemachte Bewegung auszuführen, wie beispielsweise kurz vom Stuhl aufzustehen und zu winken.

Wir stehen hier im Kreise

überliefert

Spielanregung:
Kinder und Erwachsene gehen im Kreis an den Händen gefasst und singen obigen Text. Reihum wird nun jeder mit dem Namen aufgerufen, danach wird immer der Vers als Refrain wiederholt.

Variation:
Die beiden Enden eines langen oder mehrerer kurzer Seile werden zu einem Kreis verknotet. Die Kinder halten sich mit der rechten Hand daran fest und gehen in Uhrzeigerrichtung im Kreis. Damit die Kinder wissen, welche die rechte Hand ist, kann diese mit einem Farbtupfer oder anderem markiert werden.

Flasche, Flasche dreh dich

Das allgemein bekannte Spiel „Tellerlein, Tellerlein, dreh dich" wird hier für unsere Jüngsten abgewandelt, da es ihnen noch nicht gelingt, einen kreisenden Teller zu fangen.

Das brauchen Sie:
Große, ungefüllte Wasserflasche aus Glas

Spielregel:
Die Kinder sitzen im Stuhlkreis. Sie gehen in die Mitte des Kreises und bringen die liegende Flasche mit folgenden Worten zum Drehen: „Flasche, Flasche dreh dich und die Lisa fängt dich!". Lisa versucht die Flasche zu erwischen, bevor sie aufhört, sich zu drehen. Lisa ist nun als nächste dran und darf allein oder mit Hilfe die Flasche drehen und ein weiteres Kind im Kreis aufrufen.

Ich rolle den Ball zu Thomas

Schon Krabbelkinder spielen gerne mit dem Ball und lassen ihn über den Boden kullern. Anstelle eines Balles kann auch eine chinesische Klangkugel ins Spiel gebracht werden.
Erwachsener und Kind sitzen sich gegenüber mit möglichst gegrätschten Beinen und rollen sich einen Ball zu. Dabei wird der Name des Kindes genannt. Anfangs muss das Kind noch mehrfach aufgefordert werden, den Ball zurückzurollen. Spielen mehrere Kinder mit, sitzen alle im Kreis auf dem Boden. Eröffnen Sie das Spiel, indem Sie sagen: Ich rolle den Ball zu Thomas. Dieser fängt den Ball und rollt ihn zu einem anderen Kind, das er bei seinem Namen nennt.

Die Spitzmaus

überliefert

Gesprochen: Mi-ma-mu, wie heißt denn du?

Gesprochen: Eva hin, Eva her, Eva ist ein Zottelbär.

Spielanregung:

Ein Kind spielt die Spitzmaus. Mit Mäuseohren und einem Mäuseschwanz als Requisit macht das Spiel noch mehr Spaß. Die Ohren werden zuvor aus Filz oder Pappe gebastelt und an einem Haarreifen befestigt. Der Schwanz ist ein Stück Schnur, dessen Ende in den Hosen- oder Rockbund des Kindes gesteckt wird.

Die Spitzmaus geht im Kreis herum, während die Kinder singen. Wie im Text vorgegeben, bleibt die Maus dann vor einem Kind stehen und sagt: „Mi ma mu, wie heißt denn du?" Das betreffende Kind sagt: „Ich bin Cordula."
Während sich beide Kinder an den Händen fassen und tanzen, singen die Kinder im Kreis: „Cordula ist ein schöner Name, Cordula möchte ich heißen." Sie klatschen dazu im Rhythmus mit den Händen. Und während alle „Cordula hin, Cordula her, Cordula ist ein Zottelbär!" sprechen, wiegen sich die Tänzer an den Händen gehalten hin und her.

Ich hab ein feines Glöckchen

Text: Volksgut, Musik: Freya Jaffke

Spielanregung:
Eines der im Kreis sitzenden Kinder bekommt ein Glöckchen. Während das Lied gesungen wird, geht es in der Kreismitte herum. Gegen Ende des Liedes wählt es ein Kind aus, das sein Glöckchen erhält.

Wer kommt mit?

Alle sitzen zusammen am Boden. Nehmen Sie ein Seil und gehen Sie außen um die Kinder herum. Dabei ziehen Sie das Seil hinterher und singen:
„Wer kommt mit, wer kommt mit,
(Name des Kindes)
(Name des Kindes) kommt mit."
Das Kind, das aufgerufen wurde, fasst das Seil an und läuft hinter Ihnen her. Alle Namen werden aufgerufen, bis schließlich alle in der Schlange mitmarschieren.

Schau mal, was ich kann

Im zweiten Lebensjahr bezieht das Kind sein meist ausgeprägtes Selbstbewusstsein aus dem Erleben, dass es seinen Körper immer besser beherrscht. Robbend und krabbelnd erkundet das Kleinkind seine Umgebung und sobald es selbstständig die ersten Schritte wagt, erweitert es ständig seinen Aktionsradius. Fasziniert stellt es fest, dass es sich nun rasch fortbewegen und eine Menge bewegen kann.
Wo immer sich Kindern die Gelegenheit bietet, sind sie in Bewegung. Sie krabbeln oder laufen dem rollenden Ball hinterher, klettern auf Stühle, springen herab und anderes mehr. Dabei trainieren Kinder nicht nur ihre Motorik und den Gleichgewichtssinn, sondern entwickeln auch Vertrauen in die eigenen Kräfte und Möglichkeiten. Aufenthalte im Freien zu jeder Jahreszeit, Besuche auf dem Spielplatz, Kreis- und Bewegungsspiele im Raum kommen dem großen Bewegungsbedürfnis der Kinder entgegen. Eine Bewegungsbaustelle mit Spiel- und Sportgeräten, aber auch einfachen Materialien aus dem Alltag motiviert die Kleinen zum Klettern, Springen, Balancieren, Schaukeln und Wippen. In einer Umwelt, die Bewegungsmöglichkeiten für Kinder immer mehr einschränkt, ist es wichtiger denn je, den nötigen Bewegungsraum für sie zu schaffen.

Auch die Hände werden zunehmend geschickter. Ein Kleinkind übt eine Vielzahl von Handgriffen: anfassen, betasten, klopfen, hin- und herbewegen, festhalten, loslassen, werfen, schütteln, auffädeln, hineinstecken, schaufeln, öffnen und schließen. Unermüdlich und voller Ausdauer versucht es das Greifen mit der ganzen Hand oder mit Daumen und Zeigefinger. Bei Fädelspielen, einfachen Steckspielen, Sortierübungen und ersten Versuchen im Schütten von einem Gefäß in das andere kann das Kind seine Fingerfertigkeit üben und voll entfalten.
Es vergeht kaum ein Tag, an dem das Kind zur Überraschung seiner Umwelt nicht etwas Neues gelernt hat. Voller Stolz zeigt es, was es schon alles kann.

Seht, was ich kann!

überliefert

Variationen:

ich boxe – wir boxen
ich dreh mich – wir dreh'n uns
ich hüpfe – wir hüpfen
ich tanze – wir tanzen
ich bücke mich – wir bücken uns
ich schiebe – wir schieben
ich knete – wir kneten

Kannst du mit den Augen zwinkern?

Text und Musik: Klaus W. Hoffmann

2. Kannst du mit den Wimpern klimpern?
   Ich mach es vor, und du machst es nach!

3. Kannst du mit den Zähnen klappern?
   Ich mach es vor, und du machst es nach!

4. Kannst du mit den Ohren wackeln?
   Ich mach es vor, und du machst es nach!

5. Kannst du mit den Augen rollen?
   Ich mach es vor, und du machst es nach!

6. Kannst du deine Nase rümpfen?
   Ich mach es vor, und du machst es nach!

7. Kannst du mit der Zunge schnalzen?
   Ich mach es vor, und du machst es nach!

8. Kannst du mit den Augen schielen?
   Ich mach es vor, und du machst es nach!

9. Kannst du deine Stirne runzeln?
   Ich mach es vor, und du machst es nach!

10. Kannst du deine Zunge zeigen?
    Ich mach es vor, und du machst es nach!

Spielanregung:
Sie sitzen Ihrem Kind gegenüber, singen das Lied und machen die Bewegungen vor. Bei „ich mach es vor" zeigen Sie auf sich selbst; bei und „du machst es nach" zeigen Sie auf Ihr/ein Kind.

Bewegungsbaustelle

Bei den nachfolgenden Spielen ist nicht ausdrücklich vermerkt, ob sie eher für das Haus oder den Garten geeignet sind. Die meisten davon sind sowohl drinnen als auch draußen möglich.
Mit Materialien aus dem Alltags können Sie für oder mit den Kindern eine Bewegungsbaustelle aufbauen, die unterschiedlich groß ausfallen kann. Vielleicht genügt es den Kindern zunächst einmal zu balancieren und zu springen. Nach und nach kann dann die Bewegungsbaustelle um neue Elemente erweitert werden.
Im Umgang mit Schachteln, Reifen, Schläuchen, Brettern, Getränkekisten, Haushaltseimern, Papprollen können schon kleine Kinder ihre Lust am Experimentieren ausleben und die verschiedenen Materialien immer wieder neu kombinieren. Meist entwickeln Kinder von sich aus fantasievolle Spielideen. Der Erwachsene ist jedoch nicht überflüssig. Er beobachtet, legt Spielregeln fest, gibt die eine oder andere Anregung. Er leistet behutsam Hilfe, wenn dies erwünscht ist, ohne dabei die Lust der Kinder am Ausprobieren und selber Entdecken zu schmälern. Kinder sind stolz, wenn sie selbstständig Schwierigkeiten meistern können. Diese Erfahrung stärkt ihr Selbstvertrauen. Hin und wieder ist es für die Kleinen auch schön, wenn Mama, Papa oder andere vertraute Erwachsene mit von der Partie beim Balancieren, Kriechen oder Springen sind.

Kriechen

Zum Kriechen und Krabbeln eignen sich ein Kriechtunnel aus dem Fachhandel, große Kartons, deren Boden entfernt wurde, Hocker oder Stühle. Stellen Sie mehrere Stühle, Hocker und Kartons so hintereinander auf, dass sie einen langen Tunnel bilden. Das Durchkrabbeln erfordert einigen Mut. Bei etwas ängstlichen Kindern hilft vielleicht das beliebte Kuckuckspiel, um den Weg durch den Tunnel zu wagen.

Aus Matratzen und losen Polstern lassen sich ebenfalls Kriechtunnel bauen, wenn diese wie ein Dach zusammengestellt werden.

Balancieren und Springen

Für Kinder, die schon laufen können, macht es Spaß, auf Eimern zu balancieren, anfangs noch an der Hand eines Erwachsenen.
Verschieden große bunte Haushaltseimer werden in einer Reihe mit der Öffnung nach unten auf dem Boden gestellt. Vom letzten Eimer wird gesprungen.
Den gleichen Zweck erfüllen leere Getränkekisten. Bretter können zwei oder mehrere Kisten miteinander verbinden oder aber an eine Kiste gelehnt eine schiefe Ebene bilden, die bewältigt werden muss.
Matratzen laden zum Hüpfen, Balancieren, Federn und Springen ein.
Halten Sie das Kind zunächst fest, bis es sich alleine traut zu hopsen.

Schaukeln und Wippen

■ Wippe mit LKW-Schläuchen
LKW-Schläuche haben eine große Anziehungskraft auf Kinder. Die Jüngsten robben auf dem Schlauch, wälzen sich auf ihm und wippen darauf. Ältere Kinder erproben sich im Balancieren. Werden Bretter darauf gelegt, macht es Spaß, auf dem instabilen Untergrund zu wippen und es erfordert einiges Geschick, das Gleichgewicht zu halten.

■ Wippe aus Matte und Gymnastikreifen
Aus einer Matte oder Schaumstoffmatratze und mindestens zwei Gymnastikreifen kann man leicht eine Wippe bauen. Dazu wird die Matte der Länge nach in zwei Reifen geschoben, die jeweils an den Enden platziert werden. Bei einer langen Matte ist eventuell ein dritter Reifen in der Mitte zur Stabilisierung erforderlich.

■ Wackelbett
Ein solches entsteht, wenn mehrere Rundstäbe (Besenstiele), Teppichrollen oder Bälle unter eine Matte oder Matratze gelegt werden.

Tragen, Schieben, Ziehen

Hierzu eignen sich Pappkartons, Wäschekörbe, Rollkästen, in die sich das Kind setzt und die man mit ihm hin- und herschiebt.

Werfen

■ Eimerpyramide
Bauen Sie gemeinsam mit den Kindern aus mindestens fünf Haushaltseimern eine Pyramide auf. Die Jüngsten haben ihre helle Freude daran, diese mit den Händen umzustoßen, da es Krach macht. Die älteren Kinder versuchen das gleiche mit einem Ball.

■ Ball in die Kiste
Ein Korb oder eine Kiste liegt auf dem Boden. Die Kinder versuchen, mit dem Ball in den Behälter zu zielen.

Klettern

■ Klettern auf der schiefen Ebene
Schaffen Sie mit Matratzen oder Matten eine schiefe Ebene zum Rauf- und Runterkrabbeln. Sobald das Kind laufen kann, geht es bergauf und bergab. Beim Runtergehen braucht es meist noch Ihre unterstützende Hand.

■ Klettern auf einer Haushaltsleiter
Sobald das Baby die ersten freien Schritte macht, sollten Sie diese Entwicklung unterstützen. Stellen Sie eine Haushaltsleiter (kleine Stehleiter)

auf. Anfangs wird das Kind auf die unterste Stufe klettern. Später wird es die zweite Stufe erreichen und stolz oben stehen. Beaufsichtigen Sie das Kind dabei, um Stürze zu vermeiden. Halten Sie es aber nicht fest, damit es nicht höher klettert, als es sich selbst zutrauen würde. Zeigen Sie dem kleinen „Kletterer", wie er sicher herunter steigt. Rückwärts geht es am leichtesten.

Bauen

Legen Sie Schachteln unterschiedlicher Größe und Papprollen auf dem Boden aus. Es wird nicht lange dauern, bis die Kinder daraus einen möglichst hohen Berg bauen. Vielleicht gelingt es den älteren Kindern, den Turm wieder abzubauen, ohne dass er einstürzt. Gelingt es nicht, ist es nicht so schlimm. Vielleicht klappt es ja das nächste Mal.

Sitz- und Spielpolster

Diese Polster sind für alles brauchbar, was Kinder gerade so beschäftigt: Man kann sie einzeln nehmen und hin- und hertragen, sie aneinander reihen zur Mauer, sie aufeinander schichten zu einem Turm oder ein Haus daraus bauen. Alle Polster nebeneinander gelegt, bilden eine dicke, weiche Unterlage, die auch schon einmal Platz für eine versammelte Kindergruppe bietet. Werden die einzelnen Elemente aus unterschiedlichen Farben hergestellt, so kann man sie wie ein Riesenpuzzle immer wieder neu zusammensetzen.
Die fertige Polsterkombination besteht aus 12 Teilen, die beliebig miteinander zu kombinieren sind. Aus dem im Folgenden angegebenen Stoffmaß erhalten Sie je zwei Sitzkissen. Es empfiehlt sich, den Stoff vor der Verarbeitung bei 60 Grad zu waschen. Bei nicht ganz farbechten Stoffen sollte jede Farbe einzeln im Handwaschbecken kurz durchgewaschen werden.

Das brauchen Sie:
Frottierstoff: jeweils 150 cm breit und 70 cm lang in den Farben rot, blau, gelb, orange, grün, weiß; zu jeder Farbe passend zwei Reißverschlüsse, 30 cm lang; 12 Schaumstoffelemente 35 cm x 35 cm, 12 cm hoch; Schere, Nähzeug.

So wird's gemacht:
Teile wie im Zuschneideplan angegeben zuschneiden.
Je ein Vorder- und Rückenteil mit einem Zwischenteil an drei Seiten zusammennähen.
Nahtzugaben auf ca. 1 cm abschneiden und mit Zickzackstich versäubern. Nähte ausbügeln.
Kissenhülle auf rechts wenden und an der noch offenen vierten Seite den Reißverschluss einnähen. Schaumstoffpolster mit der Kissenhülle beziehen.

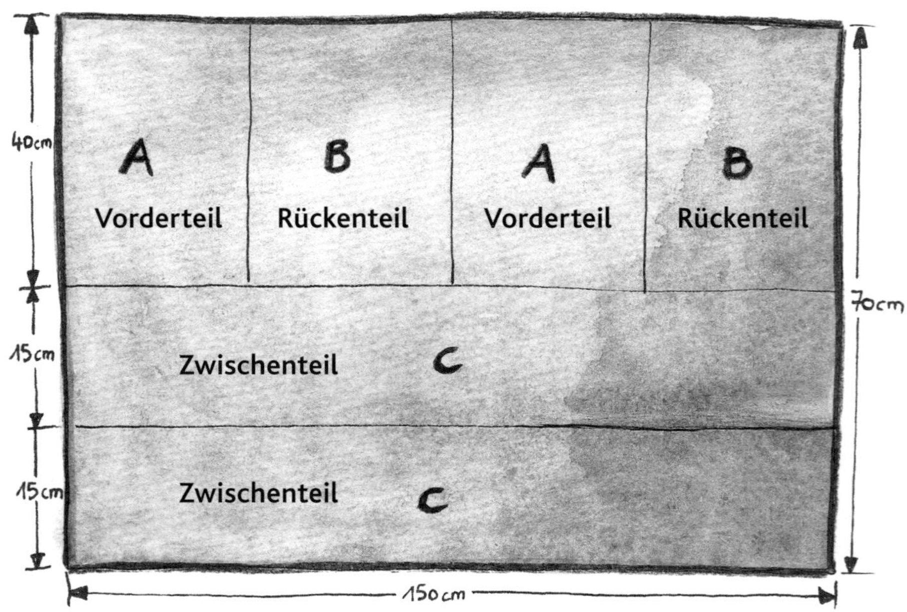

Allerlei zum Auffädeln

Als Material zum Auffädeln dienen leere, bemalte Papprollen, Garnrollen, zerschnittene Trinkhalme, Nudeln, dicke Perlen, Knöpfe. Der Faden sollte so fest sein, dass beim Auffädeln keine Nadel erforderlich ist. Es eignen sich Schnürsenkel, Lederbänder, Perlonfäden oder Paketschnüre und dicke Wollfäden, deren Enden mit Klebstoff verstärkt wurden.

Knopfkette

Mit der Knopfkette können sich schon Babys sehr lange beschäftigen, lange Autofahrten oder Wartezeiten in der Arztpraxis werden damit kurzweiliger.

Das brauchen Sie:
Viele verschiedene Knöpfe, einige Metallglöckchen oder Schellen, Schuh- oder Lederband, zwei Vorhangringe.

So wird's gemacht:
Knöpfe und Metallglöckchen in beliebiger Reihenfolge auf ein festes Band aufziehen. Wenn je ein Ende des Bandes an einem Ring gut verknotet wird, kann das Baby die Knopfkette gut greifen und sie kann überall befestigt werden.

Steckspiele

Sie können ein Steckspiel kaufen oder aber mit wenig Aufwand selbst herstellen. Bevor Sie jedoch dem Kind einen Behälter mit Formendeckel zum Spielen überlassen, geben Sie ihm eine Dose, Schachtel oder Flasche, in die es Materialien einfüllen und wieder ausleeren kann. Zeigen Sie ihm auch, wie man einen Baustein oder anderes Spielzeug verschwinden lassen kann und entwickeln Sie das Spiel „Verstecken und Entdecken" daraus. Das Einsteckmaterial muss ungefährlich sein und das Kind sollte es gut greifen können. Denken Sie auch daran, dass kleine Kinder alles in den Mund stecken und Ihre Aufmerksamkeit gefordert ist.

Einfaches Steckspiel

Nehmen Sie eine Schachtel, zum Beispiel einen Schuhkarton oder eine Kaffeedose mit Plastikdeckel und schneiden Sie mit dem Cutter in die Mitte des Deckels ein kreisförmiges Loch (Durchmesser ca. 3 cm). Jetzt kann Ihr Kind kleine Dinge wie Korken, kleine Bauklötze oder Ähnliches hineinwerfen. Geben Sie Ihrem Kind immer jeweils nur ein Material zum Einwerfen und räumen Sie es wieder weg, wenn es kein Interesse mehr daran zeigt.

Formenbox

Mit zunehmendem Alter werden die Hände des Kindes geschickter und es verlangt nach einem Steckspiel mit vielfältigen Formen. Je nach Alter und Entwicklungsstand des Kindes kann das Spiel nur einige oder mehrere Öffnungen mit unterschiedlichen Formen zum Einstecken des Materials haben.

Das brauchen Sie:
Weißer Schuhkarton, Moosgummi 2 mm stark, Schere, Kleber, Cutter, Schablone, Filzstift.

So wird's gemacht:
Mit Hilfe einer Schablone Spielformen wie Kreise, Quadrate, Recht- und Dreiecke aus Moosgummi ausschneiden. Damit die Formen mehr Stabilität bekommen, zwei davon aufeinander kleben.

Formen auf Schuhdeckel mit Stift übertragen und mit Cutter heraus schneiden. Darauf achten, dass die Öffnung etwas größer als die Form ist!

Spielanregung:
Die Formen liegen sichtbar ausgebreitet auf dem Tisch. Das Kind nimmt eine Form, sucht die entsprechende Öffnung im Deckel und wirft die Form in die Schachtel.

Schmetterling-Steckspiel

Besonders ansprechend ist das Steckspiel, wenn das Motiv von den Kindern mit Farbe ausgemalt wird.

Das brauchen Sie:
Weiße Schuhschachtel, Farben, Pinsel, schwarzer Filzstift, Cutter, Schablone.

So wird's gemacht:
Zeichnen Sie mit dem Filzstift als Motiv einen Schmetterling auf den Deckel der Schachtel. Die Punkte und Kreise auf den Flügeln ergeben runde Öffnungen in unterschiedlicher Größe für Einsteckmaterialien wie Rundhölzer, Korken, Wattekugeln oder Murmeln. Ein schmaler Schlitz im Schmetterlingsrumpf dient als Öffnung für Pappkärtchen.

Variation
Entscheiden Sie sich für ein anderes Motiv wie ein Haus, so ergibt das Dach die Öffnung für einen dreieckigen Baustein, und der Kamin sowie Fenster und Tür sind ideale Einstecklöcher für quadratische, rechteckige und halbrunde Bausteine in verschiedenen Größen.

Bälle schöpfen

Füllen Sie eine Schüssel zur Hälfte mit Wasser und geben Sie einige Tischtennisbälle hinein.
Daneben stellen Sie eine leere Schüssel. Während sich die Kleinsten damit begnügen, mit den Händen die Bälle zu fischen, versuchen die Größeren, die Bälle mit Hilfe eines Teesiebs von einer Schüssel in die andere zu transportieren.

Allerlei mit Hülsenfrüchten

Körner und Hülsenfrüchte sind ein ideales Material zum Rühren, Schöpfen, Schütten, Schaufeln, Sieben und Sortieren. Damit nicht alle Erbsen oder Reiskörner auf den Boden kullern, werden die erforderlichen Dinge, wie Körner, Löffel, Siebe auf ein Tablett gestellt.
In einer Kindergruppe kann sich das Kind das Tablett mit dem vorbereiteten Material selbst aus dem Regal holen und es findet dort wieder seinen Platz für das nächste Kind. Selbstverständlich hat das Material nur dann Aufforderungscharakter, wenn alles wieder aufgeräumt an seinem Platz liegt.

Erbsen, Linsen, Bohnen

Füllen Sie eine Schüssel mit Erbsen, Linsen oder Bohnen halb voll und legen Sie einen Esslöffel dazu. Zum Umfüllen der Hülsenfrüchte fehlt nur noch eine leere Schüssel. Ganz von selbst wird das Kind damit beginnen, den Inhalt der vollen Schüssel in die leere zu transportieren.
Vielleicht geschieht dies zunächst noch mit den Händen, aber früher oder später wird das Kind dazu den Löffel benutzen.

Mit zunehmender Geschicklichkeit hat es Freude daran, noch andere Schöpfgeräte auszuprobieren und es mit einem Soßenlöffel, einer Schütte, einem Kaffee- oder Messlöffel zu versuchen.

Erbsen hier und Bohnen da

Wenn Sie bei Ihrem Kind beobachten, dass es mit Vorliebe Dinge nach Farben, Formen oder Größen sortiert, ist dieses Spiel richtig. Geben Sie in eine Schüssel drei bis vier verschiedene Sorten Hülsenfrüchte, die sich in Form und Farbe deutlich voneinander unterscheiden.
Stellen Sie, entsprechend der Anzahl der Sorten, Schüsselchen bereit, in welche die Erbsen, Bohnen, Kichererbsen sortiert werden können.
Für etwas ältere Kinder ist es ein besonderer Anreiz, dies mit einer Würfelzuckerzange oder, was noch schwieriger ist, mit einer Pinzette zu versuchen.

Körner sieben

Es muss nicht immer Sand sein, auch Mehl, Grieß, Hirse, Senfkörner, Graupen, Rundkornreis oder Erbsen kann man sieben. Ihr Kind braucht dazu ein Sieb, dessen Löcher weder zu klein noch zu groß für das Mehl oder die Erbsen sind, und ein Gefäß, in das es die Körner oder Hülsenfrüchte sieben kann. Es lohnt sich also, im Haushalt nach verschieden großen Sieben Ausschau zu halten. Es eignen sich Tee-, Mehl- und Sandsiebe, Nudel- oder Spätzleseiher und was sonst noch an Sieben und Seihern vorhanden ist.

Körner gießen

Für die Kleinsten eignen sich Körner besonders gut zum Gießen. Füllen Sie die Körner in einen durchsichtigen Behälter (ideal wäre eine kleine Kanne aus durchsichtigem Plastik). So kann Ihr Kind gut beobachten, wie die Körner langsam in den Becher oder das Schälchen fließen.

Kuscheln und Liebhaben

Ein liebevoller Blick, ein Lächeln, zärtlicher Hautkontakt, gemeinsames Spielen und Spaß machen, zeigen dem Kind, dass es von seinen Eltern oder anderen vertrauten Personen geliebt wird. Diese Begegnung erleben Erwachsener und Kind gleichermaßen als lustvoll und entspannend.
Bei kleinen Kindern nimmt die Körperpflege noch viel Zeit in Anspruch. Da ist es gut, wenn die Zeit beim Baden und Wickeln dazu genutzt wird, das Kind zu liebkosen, mit ihm zu scherzen, zu spielen, Zwiesprache zu halten.
Zu den besonders beliebten Spielen bei Kleinkindern gehört das Reiten auf den Knien eines Erwachsenen. Das Kind hat Freude an der rhythmischen Bewegung, an dem begleitenden Vers und es genießt die Spannung, wenn es mit einem „Plumps" auf den Boden gleitet. Immer wieder erlebt es mit wachsendem Vertrauen, dass es sicher auf dem Schoß des Erwachsenen landet, auf dem es wunderbar kuscheln kann. Das Kind erfährt Nähe und Schutz. Von diesem sicheren Ort kann es alles um sich herum beobachten.
Streichelspiele und Massagen trösten, beruhigen, entspannen und schenken intensive Zuwendung. Kinder reagieren verschieden auf körperliche

Berührung. Während die einen vor Freude quietschen und sich entspannt und zufrieden geben, verhalten sich andere eher gleichgültig oder reagieren mit Abwehr. Vielleicht sagt dem Kind auch eine bestimmte Massage nicht zu. Dann sollten Sie etwa Neues ausprobieren. So wichtig es ist, das Bedürfnis des Kindes nach körperlicher Nähe wahrzunehmen und zu befriedigen, so sollte der Erwachsene es aber auch akzeptieren, wenn das Kind einmal keine Lust zum Schmusen und Kosen hat.

Herr Pinz und Herr Panz

Während das Kind auf dem Rücken liegt, kniet der Erwachsene davor und hält die Füße in den Händen. Die Augen halten Blickkontakt zum Kind. Alle Bewegungen werden langsam durchgeführt. Kinder ab zwei Jahren können die Strampelverse selbstständig im Sitzen oder Liegen ausführen.

Herr Pinz und Herr Panz	*mit einem Kinderfuß bei Herr Pinz auf den Boden stampfen, bei Herr Panz mit dem anderen*
die gingen zum Tanz.	*Beine ausgestreckt waagrecht anheben*
Erst machten sie so,	*Beine kreuzen*
dann machten sie so,	*Beine anders herum kreuzen*
und dann strampelten sie so.	*in der Luft Rad fahren*

Ball an der Schnur

Besorgen Sie sich einen Wasserball von 30 cm Durchmesser. Befestigen Sie am Ball eine kurze Schnur. Halten Sie ihn nun an die Fußsohle des Babys/Kleinkindes. Es spürt den Ball und beginnt dagegen zu treten.

Hinweis: Der Ball sollte nur eine Naht haben, da mehrere unangenehm für die zarte Haut des Kindes sein können. Die Schnur sollte höchstens 15 cm lang sein, damit sich das Kind in einem unbeaufsichtigten Augenblick nicht versehentlich die Schnur um den Hals wickelt.

Strampellied: Pinke Pank, der Schmied ist krank

Musik und Text überliefert

Pinke Pank, der Schmied ist krank!	*Beine liegend anheben*
Wo soll er wohnen?	*Beine in der Luft spreizen und durchschauen*
Unten oder oben?	*Füße auf den Boden stellen, Beine wieder anheben*

Kniereiterspiele

Setzen Sie sich auf einen Stuhl und legen Sie Ihr Kind mit dem Rücken auf die Beine. Sobald das Kind selbstständig sitzen kann, nimmt es auf den Oberschenkeln Platz.

Fahre Schifflein hin und her

Fahre, Schifflein, hin und her,
fahre, Schifflein, über's Meer.
Kommt ein großer Sturm daher,

Der Erwachsene hat das Kind auf den Knien, die er entsprechend dem Text erst sanft, dann heftig hin- und herschwingt.

wirft das Schifflein kreuz und quer,
und auf einmal, ach wie dumm,
kippt das ganze Schifflein um!

Dann lässt er das Kind an den Händen festgehalten ganz hinunterkippen.

Doch zum Glück in dieser Not
haben wir ein Rettungsboot.
Steig ein!

Für das Rettungsboot streckt man die Beine aus, damit das Kind wieder auf den Schoß klettern kann.

Irene Flemming

So reiten die Herren

So reiten die Herren, so reiten die Herren
So reiten die Damen, so reiten die Damen
Und so reitet der Bauer auf seinem Eselchen davon.

Spielanregung:
Bei diesem Spiel liegt oder sitzt das Kind ziemlich weit vorne auf den Knien. Bei „So reiten die Herren“ hoppeln Sie leicht mit den Beinen, bei „So reiten die Damen“ bewegen Sie Ihre Knie sanft nach rechts und nach links und bei „So reitet der Bauer“ hopst das Kind wild auf den Knien hin und her und zum Schluss öffnen Sie die Beine und lassen das Kind sanft zu Boden gleiten.

Tripp, trapp

überliefert

Spielanregung:
Für diesen Kniereiter werden die Kinder rhythmisch mit den Beinen auf und ab bewegt. Dabei wird die Strophe mit dem Bären entsprechend langsam und die Strophe mit der Maus entsprechend schnell gesprochen.

Variation
Der Liedtext eignet sich auch gut für ein Bewegungsspiel. Dabei gehen die Kinder an den Händen gefasst oder auch einzeln durch den Raum. Begleitend zur ersten Strophe spielen sie den stampfenden Bär und bei der zweiten Strophe die tippelnde Maus. Besonders interessant wird das Spiel, wenn im Wechsel immer ein Erwachsener oder ein Kind mit der Handtrommel das Stampfen des Bären und mit einem Glöckchen das Tippeln der Maus begleiten darf.

Sanfte Massagen

Hand- oder Fußmassage

Es muss nicht immer eine Ganzkörpermassage sein. Auch das sanfte Massieren von Hand und Arm, Fuß und Bein ist für das Kind wohltuend und wirkt entspannend.
Diese Form der Massage lässt sich auch gut mit einer kleinen Kindergruppe durchführen. Die Kinder massieren sich dann gegenseitig im Wechsel oder aber jeweils ein Erwachsener massiert ein Kind. Leise Musik und ein leicht abgedunkelter Raum sorgen für eine ruhige, stimmungsvolle Atmosphäre.

Das brauchen Sie:
Körperöl oder -lotion, Papiertücher zum Reinigen der Hände, große Handtücher, Musik.

So wird's gemacht:
Alle Kinder ziehen sich die Schuhe und Strümpfe aus. Es bilden sich Paare. Das Kind, welches massiert werden will, legt sich auf das am Boden

liegende Handtuch, der „Masseur" hockt sich seitlich daneben. Dieser bekommt ein wenig Öl oder Lotion auf die Hand, und die Massage kann beginnen mit kleinen, kreisenden Bewegungen auf dem Handrücken, dann auf der Handinnenfläche. Schließlich kann jeder einzelne Finger massiert werden. Nach den Händen kommen die Füße an die Reihe. Sind die Kinder schon geübt, können auch die Arme und Beine in die Massage einbezogen werden.

Sanfte Feder

Für die meisten Kleinkinder ist das Streicheln der Haut mit einer Feder eine angenehme Sinneserfahrung. Die Reaktion des Kindes wird Ihnen zeigen, ob es die Berührung genießt oder ob es eine bestimmte Art des Streichelns als unangenehm erlebt.
Zu einer gelösten Atmosphäre tragen ein leicht abgedunkelter Raum und leise Musik bei.

Das brauchen Sie:
Große Feder oder alternativ einen weichen Pinsel (Rasier-, Puderpinsel), eine weiche Haarbürste.

So wird's gemacht:
Streicheln Sie mit einer Feder sanft über Arme, Beine, Gesicht, den Körper. Achten Sie dabei auf die Reaktionen des Kindes: Empfindet es Freude oder zeigt es Abwehr, liebt es das Streicheln besonders am Bauch aber nicht im Gesicht, verkrampft es sich oder wird es zunehmend lockerer? Bei dieser sanften Streichelmassage kann sich eine innige körperliche und seelische Verbundenheit zwischen Ihnen und dem Kind einstellen. Natürlich können Sie auch die Rollen tauschen.

Krabbelspiele

Bei diesen zärtlichen Berührungsspielen wird Ihr Kind wird mit einem freudestrahlenden Lächeln antworten.

Ein kleiner Käfer

Ein kleiner Käfer kribbelt und krabbelt, zwickt und zwackt, fällt auf den Rücken, zippelt und zappelt, dreht sich um und fliegt weg mit Gebrumm – ssssst	*Krabbeln Sie mit allen Fingern einer Hand über den Körper Ihres Kindes. Hin und wieder zwicken Sie es leicht. Drehen Sie die Hand nun so, dass der Handrücken auf dem Körper aufliegt, und lassen Sie die Finger zappeln. Bringen Sie die Hand wieder in die Ausgangsstellung und deuten Sie das Wegfliegen des Käfers an.*

Kleine Schnecke, kleine Schnecke

Spielanregung:

Kleine Schnecke, kleine Schnecke kriecht hinauf, kriecht hinauf	*Eine Hand krabbelt an einem Arm des Kindes hoch.*
Kriecht auch wieder runter, kriecht auch wieder runter.	*Die Hand krabbelt am Arm runter*
Kitzelt dich am Bauch, kitzelt dich am Bauch.	*Die Hand kitzelt das Kind am Bauch*

Nach der Melodie von „Bruder Jakob", Text überliefert

Steigt ein Kindlein auf den Baum

überliefert

Spielanregung:
Der Ellenbogen wird auf den Tisch aufgestellt, der Unterarm dient als Baumstamm und die Finger als Äste.

Steigt ein Kindlein auf den Baum,	*Zwei Finger einer Hand klettern am Unterarm hoch.*
steigt so hoch, man sieht es kaum.	*Rauf bis zu den Fingerspitzen.*
Hüpft von Ast zu Ästchen,	*Die Hand hüpft von Spitze zu Spitze.*
guckt in Vogelnestchen.	*Die Hand streicht sanft zwischen den Ästen hindurch.*
Ei da lacht es, ei, da kracht es.	
Plumps, da liegt es unten.	*Die Hand klatscht auf den Tisch*

Schaukeln und entspannen

Eine Hängematte im Haus oder Garten lädt dazu ein, sich für eine Weile vom Geschehen rundherum zurückzuziehen und zu entspannen. Das Zusammenleben mit anderen ist mitunter anstrengend. Das Kind muss sich Geschwistern und Spielkameraden gegenüber immer wieder behaupten und es erlebt die eine oder andere Enttäuschung. Im sanften, leisen Wiegen einer Hängematte kann es Trost und Ausgeglichenheit finden. Ist das Kind müde, so wird es sie zum Ausruhen benutzen. Besonders schön ist es, gemeinsam mit einem Freund, einer Freundin, mit Mutter oder Vater in ihr zu schaukeln. Dabei erlebt das Kind Vertrautheit und Nähe. Das gleichförmige Wiegen verführt nicht selten zum Plaudern. Kinder und Erwachsene genießen diese intimen Momente gleichermaßen.
Eine Hängematte kommt dem Bedürfnis des Kindes nach rhythmischer Bewegung entgegen. Sie ist nicht nur ein Ort für Ruhe, Entspannung und Erholung, sie wird auch gerne dazu benutzt, sich in ihr voller Lust und Übermut auszuschaukeln. Sollten Sie keine Hängematte besitzen, so muss auf dieses sinnliche Vergnügen nicht verzichtet werden. Es tut auch eine Decke, ein Laken oder ein anderes Tuch, in dem das Kind von zwei Erwachsenen hin- und hergeschaukelt wird.
Dazu passt folgender Vers:

„Wir schaukeln, wir schaukeln
wir schaukeln auf und ab.
Und wer genug geschaukelt hat,
den lassen wir herab!"

Kuschelkissen

Dieses sicher einmalige Kissen wird Ihr Kind besonders lieben. Schon kleine Kinder können das Kissen nach eigenen Vorstellungen mit Pinsel und Farbe bemalen.

Das brauchen Sie:
Einen weißen, bereits gewaschenen Kissenbezug, Borstenpinsel, Textilfarben, Karton in Größe des Kissenbezugs, Bügeleisen, Wachstuchdecke als Tisch- oder Bodenschutz.

So wird's gemacht:
Der Kissenbezug wird auf dem Tisch oder Fußboden auf eine Unterlage gelegt. Damit die Rückseite des Kissens nicht versehentlich mitbemalt wird, legen Sie zum Schutz einen Karton in den Bezug. Nun kann das Bemalen des Kissens beginnen. Sobald die Farbe getrocknet ist, wird das Kissen von links nach Anweisung der Packungsaufschrift gebügelt, damit die Farbe beim nächsten Waschen nicht ausläuft.

Geschichte: Mein Schmusebär

Zum Kuscheln und Liebhaben braucht jedes Kind eine Puppe oder ein Stofftier. Sie sind Freund und Vertrauter und bleiben es nicht selten ein Kinderleben lang. So manches Geheimnis wird ihnen anvertraut. Sie werden liebkost und sind meist unentbehrliche Bettgefährten, die das Einschlafen erleichtern. Im Umgang mit ihnen lernt das Kind, Gefühle mitzuteilen, Verantwortung zu übernehmen und Bindungen einzugehen.

„Es war einmal ein kleiner Junge, er hieß Tim, der besaß einen süßen, kuscheligen Teddybären, den nannte er Schmusebär. Tim nahm den

Bären jeden Abend mit in sein Bett und gab ihm einen Zipfel von seiner Bettdecke ab, damit Schmusebär nicht zu frieren brauchte.
Manchmal war Tim ein bisschen ängstlich zumute, so allein in seinem dunklen Zimmer.
Und weißt du, was er dann machte? Er stellte sich einfach vor, dass Schmusebär auch Angst hätte, und dann streichelte er den kleinen Bären und sagte zu ihm: ‚Du brauchst keine Angst zu haben, Papa und Mama sind ja im Zimmer nebenan. Und du bist ja bei mir im Bett, Schmusebär, und es ist so schön kuschelig und warm hier, merkst du es?' Wenn Schmusebär dann immer noch ein wenig Angst hatte, sang Tim ihm sein Lieblingslied vor, und dabei vergaß er ganz, dass er ja selbst ein bisschen Angst gehabt hatte.

Bärenkiste

Das brauchen Sie:
Einen stabilen Karton (100 x 60 x 40 cm oder größer) mit Ober- und Unterteil, Fellreste, hell- und dunkelbraunen Filz, ein Lammfell oder Webpelz, Schere, Bleistift, Wäscheklammern, Textilkleber, Kraftkleber.

So wird's gemacht:
Aus dem oberen Kartonteil 2 x den Bärenkopf und 4 x die Füße ausschneiden.
Bärenkopf: Beide Kopfteile mit hellbraunem Filz bekleben; ein Kopfteil zum Gesicht ausgestalten: zwei Augen und die Bärenschnauze aus dunkelbraunem Filz zuschneiden und auf das Gesicht kleben. Rückwärtiges und vorderes Kopfteil mit Kraftkleber bestreichen, die obere Hälfte zusammen kleben, bei der unteren Hälfte den Karton zwischen fassen. Mit Wäscheklammern solange fixieren, bis der Kleber gut durchgetrocknet ist. Die Ohren beidseitig mit Fell bekleben und fixieren, bis alles gut

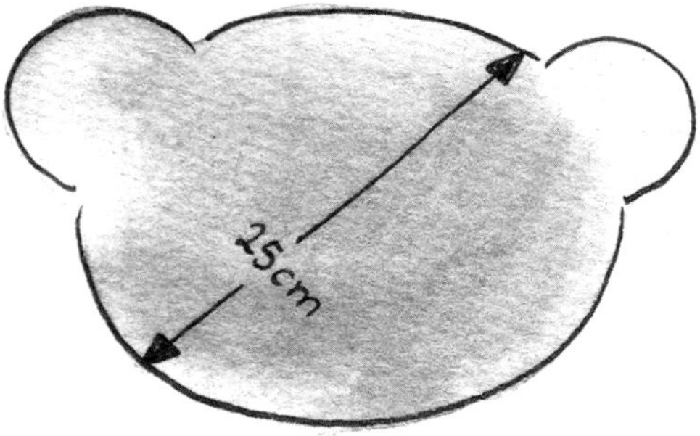

durchgetrocknet ist. Dann rund um die obere Gesichtshälfte einen Fellstreifen kleben.

Bärenfüße: Die Vorderseite der Füße mit Fell und die Rückseite mit hellbraunem Filz bekleben. Füße mit Kleber einstreichen, die obere Hälfte zusammenkleben, bei der unteren Hälfte den Karton mitfassen; mit Wäscheklammern fixieren, bis alles gut durchgetrocknet ist.

Bärenkiste mit dem Lammfell oder einem ähnlich zugeschnittenen Stück Webpelz auslegen.

Füße und Kopf an zwei kürzeren, gegenüberliegenden Seiten des Kartons anbringen.

Schlaf, kleiner Bär

Text und Musik: Hanne Viehoff

2. Schlaf, kleiner Bär und träume,
der Silbermond, der blinzelt durch die Bäume.
Sein sanftes, helles Licht
scheint grad dir ins Gesicht.
Drum schlaf ein, kleiner Bär, schlaf ein!

3. Schlaf, kleiner Bär, die ganze, lange Nacht
ruhen wir uns aus, bis die Sonne wieder lacht.
Du liegst in meinem Arm
So sicher und so warm
Drum schlaf ein kleiner Bär, schlaf ein!

Balgen und Toben

Mit zunehmenden Alter lieben es Kinder, sich mit anderen zu balgen und zu toben. Dabei kann sich das Kind körperlich voll ausleben: es greift, krabbelt, hüpft, springt, balanciert. Überschüssige Energien werden abgebaut und so mancher Ärger oder auch angestaute Wut finden bei Spielen dieser Art ein gutes Ventil. Einmal so richtig ausgetobt, fühlt sich das Kind meist ausgeglichener und zufriedener. Bei aller Ausgelassenheit muss das Kind aber lernen, behutsam mit dem anderen umzugehen, ihm nicht weh zu tun. Es versteht sich von selbst, dass bei Aktionen dieser Art die Hilfe und das Eingreifen des Erwachsenen notwendig wird, wenn die Situation zu eskalieren droht.
Feste Regeln helfen dem Kind, notwendige Grenzen nicht zu überschreiten. Älteren Kindern gelingt es bereits, Regeln in Absprache miteinander aufzustellen und sie einzuhalten. Im Tagesablauf sollten sich lebhafte mit ruhigen Spielen abwechseln und sich immer wieder Zeiten zum Ausruhen und Entspannen finden. So kann sich beim Kind innere Ruhe und seelisches Gleichgewicht einstellen.

Boxsack

Bereits die Jüngsten versuchen den Sack mit ihren Händen zu greifen oder ihn auf dem Rücken liegend mit ihren Füßen in Schwingung zu versetzen. Dabei üben sie auf spielerische Weise die Koordination von Hand und Auge. Ein Glöckchen an der Kordel erhöht den Spielanreiz. Für die etwas älteren Kinder dient der Box-Sack auch als Blitzableiter für Ärger und angestaute Wut.

Das brauchen Sie:
Festen Baumwollstoff 60 x 60 cm, Styroporschnipsel, Nähgarn, Kordel, Sicherheitsnadel, Glöckchen

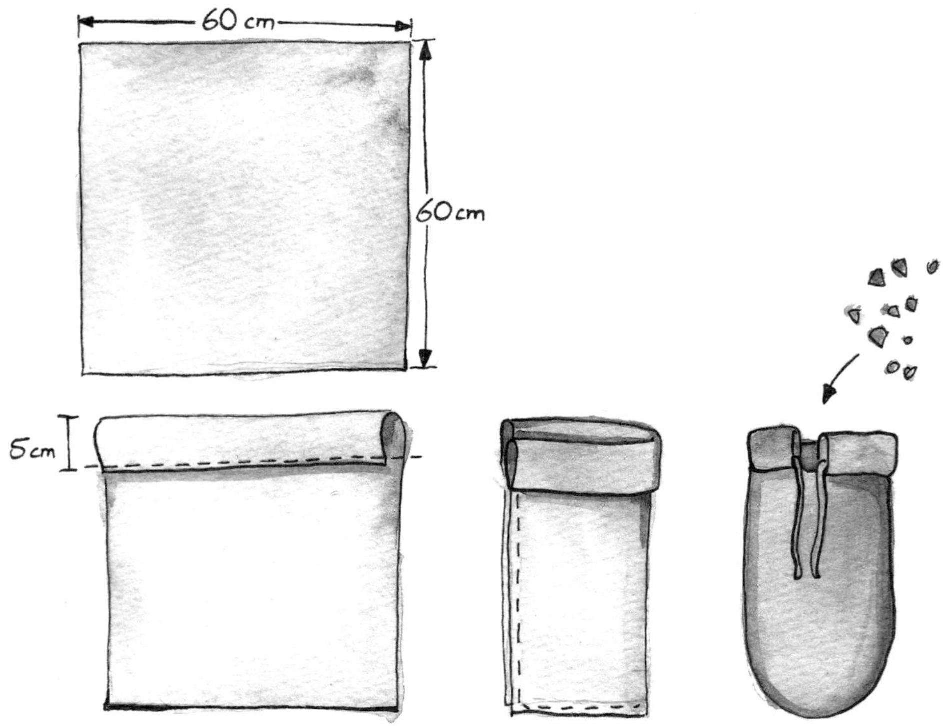

So wird's gemacht:
Stoffkanten mit Zickzackstich oder -schere versäubern.
Eine Stoffkante 5 cm breit einsäumen und beim Absteppen 2 cm für die Kordel offen lassen.
Stoff links auf links falten und die offene Längsseite sowie den Boden mit einer Naht schließen.
Sack nach rechts wenden und die Kordel mit der Sicherheitsnadel durch die Saumöffnung ziehen.
Sack mit Styroporschnipseln prall füllen, die Kordel zusammenziehen und verknoten.
Glöckchen an der Kordel anbringen.
Sack freischwebend an einer Schnur, Stange oder einem Deckenhaken aufhängen.

Allerlei im Plantschbecken

Aufblasbare Plantschbecken lassen sich mit vielerlei Materialien füllen und sind für das Kind oder eine kleine Kindergruppe der ideale Platz, um sich richtig auszutoben.

Spiele mit Blättern oder Kastanien

Im Herbst macht es Spaß, Blätter oder Kastanien zu sammeln. Wenn sich Eltern/Betreuer/-innen und Kinder gemeinsam auf den Weg machen, ist ein Plantschbecken schnell bis zur Hälfte gefüllt. Damit die Kastanien nicht schimmeln, sollten sie beim Einfüllen ganz trocken sein.
Kastanien fühlen sich hart und glatt an und es macht Spaß, mit Händen und Füßen darin zu wühlen und sich einzugraben. Da sich das Kind

ständig auf den Kastanien bewegt, ist eine leichte Ganzkörper-Massage garantiert.
Sind Blätter im Becken, so werden die Kinder mit Freude auf der weichen Blätterschicht herumspringen und sich gegenseitig mit Blättern bewerfen.

Spiele mit Papier

Das Becken wird mit allerlei Papierresten gefüllt: Tapeten-, Pergament- und Seidenpapier, unbedrucktes Zeitungspapier. Damit lässt sich vieles anfangen: Man kann es knüllen, in Stücke reißen, Schneebälle daraus formen, Papierschnipsel schneien lassen und vieles mehr. Dabei fühlt sich das Papier unterschiedlich an und gibt verschiedene Geräusche von sich, wenn es gerissen oder geknüllt wird.

Spiele mit Luftballons

Viele bunte Luftballons in einem Plantschbecken garantieren großes Spielvergnügen. Die Kinder können nach Herzenslust inmitten der Ballons wühlen, sie knautschen und werfen, eintauchen, herumkrabbeln und herumhüpfen. Damit die Ballons nicht so leicht zerplatzen, sollten sie nur schwach aufgeblasen sein.

Luftballonbett

Ein mit Luftballons gefüllter Bettbezug trägt nicht nur das Körpergewicht eines Kindes, sondern auch das eines Erwachsenen. Erst zaghaft, dann aber mit zunehmendem Vertrauen, erforscht das Kind den doch recht instabilen Untergrund des Betts. Es legt sich allein oder mit anderen darauf, dreht sich in Bauch- oder Rückenlage und findet zunehmend

Spaß daran, sich auf den Ballons zu wiegen. Falls gelegentlich einmal ein Ballon platzt, ist das nicht weiter tragisch, da das Bett insgesamt stabil bleibt.

So wird's gemacht:
Zuerst die Ballons so prall wie möglich mit Luft füllen. Dann wieder soviel Luft herausströmen lassen, dass sie weich und elastisch werden, erst dann verknoten. Für einen großen Bettbezug brauchen Sie 30 bis 40 Ballons, die Sie am besten mit einer Ballonpumpe aufblasen.
Ein Kopfkissenbezug, gefüllt mit Luftballons, ergibt ein kleines, wackeliges Bett. In einer Kindergruppe können mehrere dieser Luftballonbetten im Raum verteilt werden und zum Ausprobieren einladen.

Flugreise

Umfassen Sie mit einer Hand den Oberschenkel und mit der anderen den Oberarm des Kindes. Bei größeren Kindern können es auch der Unterschenkel und der Unterarm sein.
Erzählen Sie eine kleine Geschichte passend zur Flugreise:
„Wohin geht deine Reise? Nach Afrika? Bitte einsteigen, festhalten und schon startet das Flugzeug, fliegt hoch hinauf bis zu den Wolken, wieder tief hinab und landet in Afrika. Aussteigen!"

Karussellfahrt

Bevor die Karussellfahrt beginnt, fassen Sie von hinten unter die Achseln des Kindes und verschränken die Hände vor seiner Brust.
Ein kleiner Vers dazu erhöht den Spaß beim Karussellfahren.

Meine kleine (Name des Kindes einsetzen)
steigt ins Karussell.
Die Fahrt beginnt erst langsam,
wird dann aber schnell.
Oh, wie ist die Fahrt doch schön,
das Karussell wird jetzt gleich stehn.
Aussteigen!

Ich bin das kleine Wackelmonster

Text, Musik und Spielidee: Hanne Viehoff

Spielweise:
Was sonst im Alltag nicht gern gesehen wird, hier gehört es zur Spielregel: Die Kinder dürfen sich gegenseitig erschrecken und dabei laut schreien.
Die Kinder sitzen oder stehen im Kreis. Ein Spieler ist das kleine Wackelmonster, das sich in der Kreismitte wackelnd hin und her bewegt, während alle gemeinsam das Lied singen. Das Wackelmonster fragt die Kinder: „Wollt ihr?" Alle antworten mit „Jaaa!" Das kleine Wackelmonster darf nun drei Kinder erschrecken, indem es laut „Huhuhu" brüllt, mit den Füßen aufstampft oder in die Hände klatscht. Das letzte von den dreien ist dann beim nächsten Spieldurchgang das kleine Wackelmonster.
Entschließen sich die Kinder, das Spiel zu beenden, dann rufen Sie: „Nein! Nein, nein, nein; das lass sein!"

Glocken läuten

Fassen Sie Ihr Kind unter den Armen, heben Sie es hoch und schaukeln Sie es so, wie sich eine läutende Glocke bewegt, hin und her. Sprechen Sie dazu den folgenden Vers und schaukeln Sie das Kind zuerst langsam und dann immer schneller.

Große Glocken läuten
bim-bam, bim-bam.
Kleine Glocken läuten
bim-bam, bim-bam, bim-bam,
und die kleinsten Glocken läuten
bim-bim, bim-bim, bim-bim, bim-bim.

Heut hab ich Geburtstag

Happy Birthday – endlich ist es soweit! Jedes Kind fiebert seinem Geburtstag entgegen. Je älter das Kind, desto bewusster erlebt es diesen wichtigen Tag.
Schon das Einjährige zeigt sich beeindruckt vom Licht der Geburtstagskerze und der Überraschung, die es aus dem knisternden Papier auspackt. Gerne kostet es auch vom leckeren Geburtstagskuchen. Von einer Feier mit Gästen hat das Baby noch nicht viel. Lieber steht es bei Mama und Papa im Mittelpunkt. Schläft das Kind, kann zu zweit weitergefeiert werden. Ein Jahr Eltern sein ist Grund genug.
Das zweijährige Kind ist bereits eine kleine Persönlichkeit und kann das Geburtstagsfest schon bewusst genießen. Wichtig ist ein für das Kind überschaubarer Rahmen. Zu viele Gäste und Geschenke auf einmal überfordern es noch.
Wird das Kind dann drei Jahre alt, so verknüpft es schon Erwartungen mit diesem Tag. Es weiß, dass sein Geburtstag etwas ganz Besonderes ist. Geburtstagskrone, Geburtstagsthron, Kerzenkranz, Geburtstagskuchen und kleine Geschenke zeigen dem Kind: Heute ist mein Tag!

Für die Entwicklung des Kindes ist es wichtig, dass es hin und wieder im Mittelpunkt steht. Die Erfahrung, nicht nur eines unter anderen zu sein, sondern einmalig und unverwechselbar, stärkt sein Selbstvertrauen und lässt Selbstbewusstsein wachsen. Feiert das Kind mit anderen Kindern, so reichen zwei bis drei organisierte Spiele. Die meiste Zeit wollen Kinder in diesem Alter noch frei spielen.

Festgestaltung

Wie intensiv das Glücksgefühl des Kindes an diesem Tag ist, hängt nicht unwesentlich davon ab, wie sein Geburtstag gestaltet wird. Wichtig sind eine festlich gedeckte Tafel, Lebenslichter, Geburtstagskuchen, kleine Überraschungen und Geschenke, fröhliche Spiele und Lieder. Eine Geburtstagskrone oder ein Blütenkränzchen krönt das Kind an diesem Tag. Voller Stolz kann es einen Finger mehr an seiner Hand vorzeigen, wenn es nach dem Alter gefragt wird. Seit dem letzten Jahr ist es deutlich gewachsen und die Eltern oder Betreuer/-innen in einer Kindergruppe können messen, wie viele Zentimeter es größer geworden ist und dies auf einer Messlatte (siehe Meterbär S. 22) eintragen.
Da Kinder Geheimnisse und Überraschungen lieben, verlässt das Geburtstagskind am besten den Raum, während die Festtafel gerichtet wird. In jeder Kindergruppe finden sich sicher einige Kinder, die gerne bei den Vorbereitungen helfen. Eine eigene Geburtstagstischdecke, besonderes Geschirr, das nur am Geburtstag aufgedeckt wird, frische Blumen und Kerzen gestalten die Tafel besonders festlich. Ein kleines Geburtstagsgeschenk liegt bereit. Damit es das kleine Kind selbst auspacken kann, wird es in buntes Papier eingerollt und nicht zugeklebt. Mit einem Geburtstagslied und Glückwünschen wird das Geburtstagskind empfangen. Da bei allen Kindern Handpuppen und Kasperlfiguren beliebt sind, können auch diese als Gratulanten auftreten. Bei Kuchen oder anderem, Saft oder Tee stärken sich die Kinder für die anschließenden Spiele.

Geburtstagsgruß

Text: Paula Dehmel, Musik: Karl Marx

2. Guckt das Eichhörnchen runter:
Wenig Zeit, wenig Zeit!
Guten Morgen, Rumpumpel!
Dein Geburtstag ist heut.

3. Kommt das Häschen gesprungen,
macht Männchen vor Freud:
Guten Morgen, Rumpumpel!
Dein Geburtstag ist heut.

4. Steht der Kuchen auf dem Tische,
macht sich dick, macht sich breit:
Guten Morgen, Rumpumpel!
Dein Geburtstag ist heut.

5. Und der Vater und Mutter,
alle Kinder, alle Leut
schreien: Hoch der Rumpumpel!
Sein Geburtstag ist heut.

Geburtstagskrone

Das Geburtstagskind ist am deutlichsten an seiner Krone zu erkennen. Sie ist meist so wichtig für das Kind, dass es diese selbst bei wilden Spielen nicht ablegen möchte.

Das brauchen Sie:
Goldfarbener Plakatkarton, Maßband, Schere, Glitzersteine, Klebstoff, Gummiband

So wird's gemacht:
Kopfumfang des Kindes messen. Den Karton aber um einen Kronen-zacken länger ausschneiden, damit beim Zusammenkleben genug Fläche vorhanden ist. Der Kartonstreifen kann ungefähr 20 cm breit sein. Die Zacken bei den Mädchen etwas tiefer und schmäler ausschneiden, bei den Jungenkronen breiter und weniger tief einschneiden. Wichtig: Die Krone erst mit Glitzersteinen verzieren, dann zusammenkleben.

Geburtstagskette

Am Geburtstag eine Kette überreicht zu bekommen, ist ein bedeutungsvolles Ritual. Das Kind wird geschmückt und zugleich ausgezeichnet. Mit diesem Tag ist es wieder ein Jahr älter und dies kann es stolz mit seiner Kette zeigen. Denn daran hängt ein Medaillon mit der Geburtstagszahl.

Das brauchen Sie:
Bunte Holz- oder Glasperlen, Schnur zum Auffädeln, goldfarbenen Karton, Regenbogenpapier, Schere, Lochzange, feine goldfarbene Kordel, Kleber.

So wird's gemacht:

Perlen zur Kette auffädeln. Aus dem goldfarbenen Karton ein ca. 10 cm großes Medaillon ausschneiden. Mit Lochzange oben ein Loch für die Aufhängung stanzen. Jahreszahl auf Regenbogenpapier malen, ausschneiden und auf das Medaillon kleben. Kordel durch das Loch führen und das Medaillon an der Kette befestigen.

Geburtstagsthron

Das Geburtstagskind nimmt selbstverständlich auf einem besonderen Stuhl, einem Geburtstagsthron, Platz. Mit etwas Farbe und ein wenig Dekorationsmaterial wird ein üblicher, kleiner Stuhl zum bedeutungsvollen Attribut.

Das brauchen Sie:

Kinderstuhl, Sandpapier, goldene Farbe oder Sprühlack, geschnitzte Holzrosetten aus dem Heimwerkermarkt, Holzleim, Glitzersteine aus dem Bastelgeschäft, bei Bedarf Pinsel und Pinselreiniger, als Bodenschutz alte Zeitungen oder Malerplane.

So wird's gemacht:

Den Stuhl mit Sandpapier gut anschleifen. Mit Holzleim die Rosetten an die Lehne kleben. Nach dem Aushärten des Klebers Stuhl mit Goldfarbe besprühen oder bepinseln. Glitzersteine als weiteren Schmuck auf die Lehne kleben.

Schwimmende Geburtstagskerzen

Schwimmkerzen sind schon für die Kleinsten geeignet. Füllen Sie eine große Schüssel mit Wasser und geben Sie entsprechend dem Alter des Kindes ein, zwei oder drei Schwimmkerzen hinein. Im Wasser können einzelne Blüten und Blätter oder winzige Schwimmtierchen rund um die Kerzen schwimmen.

Bananenkuchen

Zutaten:
150 g Butter, 150 g Zucker, 3 Eier, 200 g Mehl, 3 TL Backpulver, 2 große reife Bananen, 2 EL Milch, Puderzucker zum Bestreuen.

Material:
Elektrisches Handrührgerät, Rührschüssel, kleine Kastenform, Fettpinsel, Backpapier, Waage.

Zubereitung:
Butter, Zucker, Eier, Mehl und Backpulver verrühren.
Bananen schälen, mit Milch zerdrücken, zum Teig geben und gut untermischen.
Kuchenform fetten und mehlen und Teig einfüllen.
Im vorgeheizten Herd bei 200 Grad (Heißluftherd 180 Grad) etwa eine Stunde backen.
Kuchen aus der Form lösen, auskühlen lassen und mit Puderzucker bestreuen.
Als Geschenk eignet sich der Kuchen auch, wenn er in Miniatur in einer „Puppenkuchenform“ gebacken wird.

Der verschwundene Geburtstagskuchen: Ein Kasperltheater

Ein kleines Kasperltheater belebt jeden Kindergeburtstag. Auch kleine Kinder haben schon ihre Freude daran und die Allerkleinsten können auf Mamas Schoß auf ihre Weise die fröhliche Stimmung genießen.
Gespielt wird hinter einem großen, gedeckten Tisch, eine Kasperlbühne ist nicht nötig. Die Figuren und Requisiten werden auf einem Tablett bereitgehalten, das neben dem Spieler/der Spielerin hinter dem Tisch steht.

Vorbereitung:
Einen Tag vor der Aufführung backt man mit einigen Kindern einen großen Geburtstagskuchen. Am Geburtstag ist der Kindertisch, an dem die Gruppe nach dem Kasperltheater feiern wird, bereits hübsch gedeckt, so dass Kinder und Erwachsene anschließend gleich Platz nehmen können. Einer der Stühle ist für zwei Spielfiguren, Kasperl und Großmutter reserviert. Während des Stücks sitzen die Kinder mit dem Rücken zum Geburtstagstisch, in Blickrichtung zur improvisierten Bühne. Der große Geburtstagskuchen steht gut sichtbar für die Zuschauer auf einem Rollwagen bereit.

Figuren und Requisiten:
Kasperl, Großmutter, Krokodil; ein Tisch mit einer bunten Tischdecke, ein kleiner Kuchen aus Sandkleistermasse, ein großer Kuchen aus Rührteig, eine kleine bunte Geburtstagskerze mit Ständer, ein Miniblümchen im Topf, ein kleines und ein großes Tortenspitzendeckchen, ein Glöckchen.

Spielverlauf:
Kasperl kommt von rechts und singt.

Kasperl: Tritratrullala, tritratrullala, der Kasperl, der ist wieder da!
Sind die Kinder auch alle da?

Kasperl nennt jedes einzelne Kind bei seinem Namen.

Kinder, ich bin ja heute so glücklich, sooo glücklich! Heute ist der schönste, der allerallerallerschönste Tag in meinem Leben. Wollt ihr wissen, was für ein Tag heute für mich ist?

Kinder: Ja!

Kasperl: Kinder, ich bin so glücklich, so glücklich, so glücklich, *(Stimme erst leise, dann lauter werdend)* weil ich heute Geburtstag hab! Stellt euch das einmal vor, der Kasperl hat heute Geburtstag! Ja, Kinder, wisst ihr denn überhaupt, was das ist – ein Geburtstag?

Kinder: Ja!

Kasperl: Und was tut man an seinem Geburtstag? Natürlich, man feiert! Und feiert man seinen Geburtstag allein? Nein, man lädt sich Gäste dazu ein. Wollt ihr wissen, wer heute mein Gast ist?

Kinder: Jajaja!

Kasperl: Die Großmama hab ich mir zum Geburtstag eingeladen. Denkt euch nur, Kinder, meine liebe, liebe Großmama!

Man hört ein Glöckchen läuten.

Kasperl: Hui, Kinder, habt ihr das gehört?

Das Glöckchen ertönt erneut.

Es hat an der Haustüre geklingelt. Das ist gewiss meine liebe, liebe Großmama!

Kasperl führt die Großmutter herein, die den kleinen Geburtstagskuchen hält.

Großmutter: Grüß dich, Kasperl! Schau, was ich dir mitgebracht habe!

Großmutter stellt den Geburtstagskuchen auf den Tisch.

Kasperl: Ei, Großmama, was für ein herrlicher Geburtstagskuchen! Und wie der duftet! Gerade so wie frisch aus der Backstube!

Beide schnuppern an dem Kuchen.

Kasperl: Kinder, schnuppert einmal mit mir zusammen. Riecht der nicht himmlisch?

Alle Kinder schnuppern.

Großmutter: Aber Kasperl, da fehlt ja noch die Hälfte auf deinem Geburtstagstisch!

Kasperl: (stellt sich dumm) So, da fehlt ja noch die Hälfte? Ja, was fehlt denn da? Kinder, wisst ihr, was da noch auf dem Geburtstagstisch fehlt?

Der Spieler/die Spielerin lässt die Kinder überlegen oder ergänzt: Eine Geburtstagskerze, ein Blumenstrauß, Teller und Tassen.

Großmutter: Komm, Kasperl, wir schauen einmal in der Küche nach, ob wir dort etwas finden.

Großmutter und Kasperl verschwinden. Hinter dem Tisch erscheint von rechts unten das Krokodil, zunächst jedoch nur sein Maul, bis die Kinder es entdeckt haben. Es klappert deutlich hörbar mit dem Maul.

Krokodil: Mmh, mmh, ich rieche, ich rieche, ich rieche ...

Das Krokodil kommt nun langsam von unten nach oben auf den Tisch, immer mit dem Maul klappernd.

Krokodil: Ich rieche. – Ja, was riecht denn da so gut?

Das Krokodil ist inzwischen auf der Tischplatte angekommen.

Krokodil: Kinder, wisst ihr, was da so gut riecht?

Kinder: Der Kuchen!

Krokodil: Richtig! Das ist ja der Geburtstagskuchen vom Kasperl! Mmh, wie herrlich der duftet! Mmh, das macht aber Appetit!

Das Krokodil reißt sein Maul auf und verschlingt den Kuchen mit einem Mal. Mit vollem Mund kauend (die Schnauze dabei hin- und herbewegen) spricht es weiter:

Krokodil: Mmh, der schmeckt aber! Schon lange hab ich nicht mehr so etwas Gutes gegessen! Hua, hua! *(laut gähnend)* Das macht ja sooo müde! Einen ganzen Geburtstagskuchen auf einmal! Da muss ich ja gleich ein Schläfchen machen, sonst kriege ich noch Bauchweh!

Das Krokodil legt sich auf die linke Seite der Tischplatte (Wenn möglich, den Kuchen unter das Stoffteil legen, damit das Krokodil einen dicken Bauch bekommt.)

Kasperl kommt von rechts mit der Kerze in den Händen, Großmutter kommt von links und hält das Blumentöpfchen.

Kasperl: So, die Kerze kommt hierhin! (Er stellt die Kerze ab.) Ja, was ist denn das? Da war doch vorher noch etwas! Ja, was war denn da noch?

Großmutter kommt dazu und lässt vor Schreck den Blumentopf fallen.

Großmutter: Ojemine, ojemine, unser Geburtstagskuchen ist ja weg! Ja, wo ist er denn, wo kann er denn nur sein?

Großmutter und Kasperl suchen auf der rechten Tischseite, das Krokodil schnarcht deutlich hörbar.

Kasperl: Horch einmal, Großmama, hast du das gehört? Wer schnarcht denn da so laut?

Das Krokodil schnarcht wieder, diesmal ganz laut. Kasperl und Großmutter entdecken gleichzeitig das Krokodil.

Großmutter: Ja, du meine Güte, da ist ja das Krokodil! Und was für einen dicken Bauch es hat!

Kasperl: Und schlafen tut es!

Er zieht am Krokodil, erst ganz vorsichtig, dann heftig. (Hier kann man auch das Geburtstagskind bitten, beim Ziehen zu helfen.)

Das Krokodil rührt sich nicht und schnarcht weiter.

Großmutter: Kasperl, weiß du was? Ich glaube, ich glaube das Krokodil hat unseren schönen Geburtstagskuchen gefressen!

Großmutter und Kasperl: Oje, oje, ojemine! Unser schöner Geburtstagskuchen! *(Beide weinen herzzerreißend.)* Ja, was machen wir denn jetzt? Was machen wir denn nur? Ein Geburtstag ohne Geburtstagskuchen, was ist denn das für ein Geburtstag! Ein Geburtstag ohne Geburtstagskuchen!

Kasperl (fragt die Kinder): Kinder, was sollen wir denn da nur machen? Wo kriegen wir denn jetzt einen Geburtstagskuchen her? So einen richtigen schönen, großen Geburtstagskuchen?

Die Großmutter bewegt sich langsam bis zur vorderen Tischkante und schaut hinunter in Richtung zum großen Kuchen.

Großmutter: Kasperl, Kasperl, ich hab's, ich hab's! Schau mal, was hier steht! *(Sie zeigt mit einer Hand auf den großen Kuchen.)* Weißt du was, Kasperl? Jetzt laden wir uns alle Kinder zum Geburtstag ein!

Kasperl (kichert): Ja, Großmama, natürlich laden wir jetzt alle Kinder zum Geburtstag ein! *(Und zu den Kindern gewandt:)* Die Großmama weiß ja gar nicht, dass hier noch ein Geburtstagskind sitzt! (Wieder zur Großmutter:) Großmama, weißt du denn gar nicht, dass der/die (Name des Kindes) heute auch Geburtstag hat?

Kasperl und Großmutter: Ja, dann müssen wir ja alle miteinander den Geburtstag von (Name des Kindes) feiern!

Kasperl (ganz entsetzt): Aber auch meinen, auch meinen Geburtstag! Schließlich hab ich ja auch heute Geburtstag!

Großmutter: Ach, du meine Güte, so viele Geburtstage auf einmal! Der Kasperl und der/die haben doch tatsächlich am selben Tag Geburtstag!

Kasperl: Da müssen wir aber zuerst einmal das Geburtstagslied singen. Kinder, kennt ihr alle das Geburtstagslied? Dann singt mal laut und kräftig mit!

Alle singen gemeinsam: Viel Glück und viel Segen auf all deinen Wegen ...

Kasperl gratuliert dem Geburtstagskind als erster. Dann setzen sich alle an den gedeckten Tisch.